결혼하는 아들을 위한

엄마의 따순 잔소리

가경신 지음

프롤로그

감사합니다.

아들이 결혼을 합니다.

36년 넘게 눈물 반, 웃음 반으로 키운 아들이 결혼하겠다고 고운 각시를 데리고 온 날 우리는 덤덤했고, 지 누나는 울었습니다. 기다림이 깊으면 덤덤해지기도 하는가 봅니다.

그날 우리 부부는 거의 밤새도록 이야기를 했습니다. '이제 됐다'는 안도감이 밀려왔지요. 부모로서 숙제를 마치게 된 것 같아 그제서야 눈물이 났습니다. 어려운 시간들을 견디며 책임을 다한 우리의 세월이 고마웠습니다.

딸은 결혼한지 9년이 되어갑니다. 딸은 결혼 준비 내내 사위와 싸우고 저에게 화풀이했습니다. 새로운 길을 가야 하는 설렘과 두려움이 복합적으로 딸을 예민하게 했을 것입니다.

그래서 딸만을 위한 책을 만들어 결혼식 전날 밤 품에 끼고 토닥이며 주었습니다. 딸은 눈물 콧물 흘리며 읽었다며 출판하자고 했습니다. 그래서 '딸에게 들려주는 결혼 이야기(내 안의 거인, 2017)'라는 책이 나왔지요.

그 책 덕인지는 알 수 없지만, 딸은 좋은 엄마와 아내 그리고 스스로 품위를 잃지 않는 좋은 어른이 되어 가며 잘살고 있습니다.

아들에게도 똑같이 책을 써주고 싶었습니다. 지난번 경험을 바탕으로 이번에는 출간해서 아들과 며느리 그리고 결혼을 축하해 주시는 분들께 드리게 되었습니다.

저는 결혼을 '책임을 다하려는 한 남자와 한 여자의 긴 여정'이라고 생각합니다. 그 여정은 결코 쉽거나 편한 길은 아닙니다. 한없는 노력과 때로는 고통스러운 희생이 따르기도 하지요. 그럼에도 결혼은 그럴만한 가치가 있는 행복한 여정입니다.

저는 아들이 사랑의 마음 그대로, 약속을 잘 지키며, 행복하고 따뜻한 가정을 가꾸며 살아가기를 진심으로 기원합니다.

솔직히 이 책에 있는 내용은 아들에게만이 아니라, 며느리에게 주는 말이기도 합니다. 행복한 결혼여정은 혼자서 갈 수는 없습니다. 결혼을 이끌어갈 책임도, 행복한 가정을 꾸리는 노력도 둘에게 똑같이 있습니다. 그래도 저는 아들에게 더 많은 책임이 있다고 잔소리하고 싶었습니다.

아들은 지금까지처럼 어제보다 더 나은 내일을 꿈꾸고 그 꿈을 향해 걸어갈 것입니다. 결혼을 통해 더 따뜻한 눈을 가지고 살아갈 아들의 삶을 상상하는 것은 설레는 일입니다.

궁극에는 아내와 가족에게 존경받으며 성공한 삶을 살아갈 것입니다. '진정한 성공은 가족에게 존경받는 것'이라는 것을 잘 알 것이기 때문입니다.

제가 언제까지 아들의 모습을 지켜볼 수 있을지 모르지만, 이 책을 쓰며 귀밑머리 희끗희끗한 유쾌하고 따뜻한 어른으로 나이 들어가는 지 아버지 닮은 아들을 상상했습니다.

책이 나올 때까지 온 힘을 다해 밀어준 남편 윤운성 교수와 정 많고 현명한 딸 여진, 결혼의 약속을 지키며 좋은 어른이 되어 가는 사위 기석이 그리고 행복의 샘인 손주 윤우에게 뜨거운 사랑을 보냅니다. 또 사랑하는 손주의 결혼을 맺어주고 떠나신 어머님 허순분 여사님 고맙습니다.
　무엇보다 다정한 아들 완진이와 지혜로운 며느리 보람이에게 진심으로 감사의 말을 전합니다.

　그리고 이 젊은이들의 새출발을 축하해 주시고, 격려해 주시고, 기꺼이 사랑의 증인이 되어 주신 모든 분들께 진심으로 감사합니다.

2025. 4. 6.
설레는 마음으로 결혼 여정을 지켜보는
가경신 드림

차 례

프롤로그 :

　　감사합니다 2

1장　결혼을 생각하다

　　결혼은 약속이다 15
　　결혼은 여행이다 18
　　결혼은 행복하려 하는 것이다 21
　　결혼은 현실이다 24
　　결혼은 시너지다 27
　　결혼은 거래다 30
　　결혼은 실망이다 34
　　결혼은 주는 것이다 37
　　결혼은 아픈 것이다 40
　　결혼에 잘못된 선택은 없다 42
　　결혼은 소울메이트를 만드는 과정이다 45
　　세상에 완벽한 결혼은 없다 48

2장 남편의 언어 사용법

'별 것 아니네'는 금기어다 53
변명하지 말아라 57
선의의 거짓말도 필요하다 60
행운을 부르는 말습관을 익혀라 63
말꼬투리 잡지 말아라 66
'귀, 피'로 시작하는 말 삭제하거라 69
칭찬을 밥먹듯 해라 72
절대 양보할 수 없다는 말 하지 말거라 76
미안하다는 말을 물 마시듯 해라 79
품위를 높여주는 말을 즐겨라 81
잘 들어 주어라 85

3장 남편의 품격

철학하며 살거라 91
마음 그릇을 키워라 94
다정하고 친절하거라 98
믿음을 주어라 101
매 순간 감사를 선택하거라 104

측은지심과 역지사지를 새기거라 ... 107
자신에게 너그러워라 ... 110
혼자서도 잘 해라 ... 114
건강을 소중하게 지켜라 ... 117
평등한 삶을 위해 노력하거라 ... 120
좋은 '사람책'을 곁에 두거라 ... 123
매일 119하며 책을 읽거라 ... 126

4장 가장의 무게

책임감이 너를 어른으로 만든다 ... 133
바뀌어야 산다 ... 137
열심히 일하고 돈 벌어라 ... 140
인생의 목표를 공유하거라 ... 143
집안일로 생색내지 말아라 ... 146
낯꽃을 밝게 하거라 ... 150
엄마아빠 걱정은 하지를 말아라 ... 154
유머 있는 사람이 되거라 ... 158
네 삶이 곧 유언이다 ... 161

5장 결혼 실전 연습

즐거운 추억을 만들어라 167

프로답게 싸우거라 171

화내는 법을 훈련해라 176

귀찮으면 죽는다 179

꽁해 있지 마라 182

효자인척 하지 말아라 184

이혼은 생각도 하지 말아라 187

네 아내를 평생 친구로 만들거라 190

6장 봄햇살 같은 아내와 사는 법

아내를 바꾸려 하지 말거라 195

애정 표현을 숨쉬듯 해라 200

네 아내는 너의 거울이다 204

네 아내를 존경하거라 207

간섭하지 말아라 210

아내의 작은 상처에도 민감해하거라 213

이해하려 하지 말고 받아들여라 216

과장되게 표현하거라 220

아내의 부탁을 건성 듣지 말아라 223
무조건 아내 편으로 살아라 225

에필로그

아가야! 이제부터 행복을 선택하거라 228

1장

결혼을 생각하다

결혼은
약속이다

요즘은 주례 없는 결혼식도 많지만, 예전 결혼식에서는 주례가 신랑과 신부에게 아래와 비슷한 질문들을 했었단다.

"신랑 OOO는 아무리 어려운 고난이 다가오더라도 언제나 신부를 사랑하며 아껴주고, 지켜줄 것을 맹세합니까? (예!)"

"신부 OOO는 언제나 신랑을 존중하며, 신뢰하고, 영원히 사랑할 것을 맹세합니까? (예!)"

이 질문에 확실하게 대답하면 그제서야 두 사람이 부부가 되었음을 선포한다. 결혼은 어떠한 고난이 와도 변치 않는 사랑으로 책임을 다하겠다고 맹세하는 당사자와 이를 지켜본 증인이 있음으로 성립되기 때문이란다.

결혼식은 서로를 아내와 남편으로 맞이하여 최선을 다하기로 스스로에게도, 주례에게도, 하객들에게도, 신에게도, 심지어 법률적으로도 약속하는 의식이다. 사진 찍고, 축의금 주고 받고, 밥 먹는 회식 자리가 아니라는 말이다.

사랑에 빠지면 본능적으로 애정을 표현하려 하고 무언가를 약속하고 싶어 한다고 한다. 그러니 '영원히, 검은 머리 파뿌리 될 때까지 사랑하며 살겠노라.' '평생 존경하고 사랑하겠노라, 매일 집밥을 해주고, 매일 키스를 해주겠노라.' 철석같이 맹세하는 것이다.

약속은 아무리 작은 것이라도 구속력이 있단다.
그중에 결혼의 약속은 황금판에 새긴 황금률과 같다. 쉽게 어겨도 되는 시시한 약속이 아니다. 그러니 혹 마음이 예전 같지 않거나, 약속의 말이 희미해지면 연애 때 사진도 보고, 결혼 영상도 보고, 서약서도 소리내서 읽어 보아라.

결혼 서약서는 서랍 안에 처박아 두는 종이짝이 아니다. 평생을 새겨야 할 계약서다. 소중히 간직하거라. 액자를 만들어서 걸어놓아도 좋고, 핸드폰이나 컴퓨터 바탕 화면에 깔아 두고 매일 새기는 것도 좋은 방법일 것이다. 얼굴은 세월 따라 어쩔 수 없이 늙어가지만, 결혼의 서약은 늙어가게 하면 안 된다. 세월이 흐를수록 더 익어 가게 해야 한다.

무엇보다 지금 네 앞에 있는 이 여자만을 사랑하며 살아야 한다. 이것은 단순한 서약이 아니라, 일부일처제를 유지하는 법적 약속이다. 그러니 절대 한눈 팔지 말아라. 늙으면 추해진다.
또 네 여자를 외롭게 두지 말아라.
네 인생도 외로워진다.

사랑으로 키운 내 아들아!
결혼은 처음도 신의고 마지막도 신의다. 죽을 힘을 다해 네 가정을 지키거라.

결혼은 여행이다

결혼은 둘이 함께 떠나는 긴 여행길이다.

요즘을 100세 시대라 하니 좀 늦은 결혼을 해도 60~70년은 족히 함께 살 가능성이 많다. 엄마아빠도 어느덧 결혼한 지 42년이 되는구나. 길도 모르고 매일 허덕이며 살아온 것만 같은데 돌아보니 하나로 이어져 있구나.

그 길에서 얻은 것도, 잃어버린 것도 있고, 비도 눈도 내렸지만 나이가 들어보니 마지막까지 남는 것은 함께 걸어온 부부밖에 없구나. 그러니 비가 오든, 눈이 오든, 어떤 어려움이 닥치더라도 동반자인 네 아내를 잘 챙기거라. 잘못하다간 혼자서 긴 여행을 할지 모른다. 어쩌면 여행도 마치지 못하고 쓸쓸하게 되돌아갈 수도 있단다. 늘 챙기며 끝까지 같이 갈 수 있도록 두 손 꼭 잡고 감사로 하루를 시작하고, 감사로 하루를 마감하며 살아야 한다.

결혼 여행길은 언제나 아스팔트 좋은 길이거나, 숲속 아름다운 길은 아니다. 행복한 결혼으로 가는 길은 울퉁불퉁하고 험한 곳도 많단다. 신혼 때는 각자가 살아온 시간을 주장하는 기싸움으로, 서로 독박 육아를 탓하면서, 네 부모 내 부모 들먹이면서, 후회와 탄식 속에서 정작 너희 두 사람의 사랑은 빠진 채 롤러코스터를 타기도 할 것이다. 마치 비포장 도로를 달리듯 예측하지 못한 곳에서 덜컹거리며 간다.

결혼 여행 중에는 너의 통제력과 상관없이 많은 일이 일어난단다. 때로 실패하기도 하고, 절망적인 상황도 일어날 것이다.
그러나 실패로 너의 삶을 규정하게 하지 말고, 실패를 통해 무엇을 배울 수 있는가를 고민하거라. 실패가 너를 가르치게 하거라. 그래야 성장할 수 있단다.

미래가 보이지 않아 절망할 때도 있을 것이다. 그때 네가 할 수 있는 일은 네 아내와 함께 '지금 해야 할 일'을 하는 것이다. 너 자신과 네 아내에 대한 신뢰와 포용 그리고 삶에 대한 이해로 채우며 용기있게 가거라. 그 길은 행복을 향해 가는 길임을 의심하지 말고 가거라.

  내 소중한 아들아!
  두려워 말아라. 옳은 일을 하거라. 그리고 사랑하며 함께 하거라. 아무리 어려워도 이왕 시작한 여행이니 마음을 다잡고 잘 버티거라. 버티는 자가 이기는 자다. 결국 행복을 가지는 자다.

결혼은
행복하려 하는 것이다

    결혼의 이유는 여러 가지가 있겠지만, 그 어떤 것도 행복하려는 욕구를 이길 수는 없다. 엄마가 살아보니 결혼은 과정도, 목적도 행복이라는 단 한 가지를 향해 가는 길이다. 행복해지려는 두 남녀가 만나, 행복을 만들어 가는 과정이며, 행복하게 이 세상을 살아가는 발자국을 남기는 것이다. 그러니 결혼을 선택했다면 매순간 행복을 선택하며 살아야 한다.

    행복은 선택이다. 거저 얻어지는 것이 아니라는 말이다. 행복한 하루를 선택하기로 마음먹고, 그렇게 행동하거라. 두려움과 부정적인 생각으로 네 인생을 채우지 말고, 감사와 용기로 가득 채우거라.

돈이 없어서, 아이가 너무 어려서, 시간이 없어서, 직장이 힘들어서 따위의 핑계 대지 말고 바로 지금 네 앞에 있는 감사하고 행복한 하루를 선택하거라. 매일 눈을 뜨면 감사한 하루를 선택하겠다고 마음을 먹거라. 엄마가 살아보니 1도만 생각을 바꾸어도 불평이 감사가 되더구나.

결혼만 하면 저절로 행복해질 것이라는 착각은 버려야 한다. 불행을 자초하는 말투나 말, 파멸을 불러오는 난폭한 행동, 경멸을 부르는 습관, 품위 떨어지는 가치관 등을 선택하지 않으려 노력하거라. 매 순간 나와 가정의 행복을 위한 것이 무엇인가 고민해야 한다. 행복은 행복을 선택하는 사람만이 누릴 수 있는 특권이다. 모든 것은 너에게 달려있다.

무턱대고 '행복하겠지, 재미있겠지, 어떻게 되겠지.'하는 생각은 위험천만한 일이다.
'행복이란 무엇인가? 행복을 위해 우리가 할 일은 무엇인가? 무엇이 우리를 가장 행복하게 하는가? 다른 사람의 행복도 우리의 것만큼 소중한가?' 네 아내와 그리고 너 스스로와 자주 대화하며 살거라.

너의 행복은 너의 몫이다. 다른 사람들이 네 행복을 침해하게 놔두지 말거라.

네 주변에도 부족한 것 없을 것 같은데도 늘 불행하다고 '생각'하는 사람도 있을 것이다. 불행은 생각의 늪이다. 늪에서 벗어나서 '지금, 여기'의 행복을 선택하거라. 너의 결혼은 '행복을 선택'하려는 너의 노력으로 만들어진다는 것을 절대 잊어서는 안 된다.

결혼은
현실이다

   지금까지 너희들이 결혼을 위해 웨딩사진 찍고, 드레스 고르고, 결혼 서약을 함께 만들었던 그 과정은 소꿉장난이다. 아무것도 개입되지 않은 너희 둘만의 재미있는 놀이였던 셈이다.

   그러나 결혼식이 끝나면 바로 현실이 시작된다. 우선 아버님이 2명, 어머님이 2명이 된다. 아빠 엄마, 아버님 어머님이라 달리 불러도 보지만 너와 아무런 관계가 없던 사람이 갑자기 너의 삶에 들어온단다. 때로 누나, 언니, 동생, 형이 갑자기 삶의 문을 박차고 들어오기도 한다. 돌아가셨건 살아계시건 상관없다. 그들의 삶이, 문화가, 언어가 너희들의 삶에 들어온다. 결혼은 둘만 행복하면 되는 무중력 상태가 아니라,

많은 사람들과의 거미줄같은 관계망 속에서 행복을 찾아야 하는 복잡한 리얼리티 게임이다.

연애 때는 돈 생각하지 않고 비싼 것도 사 먹고, 좋은 곳도 다니지만, 결혼하면 돈 이야기도 해야 하고, 밥도 해 먹어야 하고, 한 집에서 똥도 싸고, 잠도 자고, 방귀도 뀌고, 트림도 해야 한다. 너 혼자 하던 것을 네 아내도 똑같이 할 것이다. 두 배로 번잡스러워지고, 두 배로 더러워질지도 모른다.

받아들여야 한다. 네 아내가 네게로 왔으니, 아내의 모든 것들이 필연적으로 함께 따라 오는 것이다. 사랑해서만이 아니라, 한 사람을 네 인생 안으로 받아들였으니 그녀의 일상도, 습관도, 강점도, 약점도 좋든 싫든 받아들이라는 것이다. 이해하려 애쓰지 말고 순하게 받아들이거라.

연애가 '때문에' 사랑하는 소꿉장난이라면, 결혼은 '그럼에도 불구하고' 사랑하는 법을 배워가는 현실이다.

30~40년을 각자의 삶을 살아왔던 사람들이 하나의 삶을 만들어 가는데 어찌 하루아침에 만족할 수 있겠느냐? 엄마

의 경험으로 볼 때 각자 살아온 시간 아니 그 이상의 시간을 바쳐야 할 것이다. 그러니 사춘기 소년처럼 이상과 현실의 괴리가 어쩌고 하며 고통과 불행의 늪으로 빠져들지 말거라.

  다행한 것은 현실이 언제나 아름다운 것은 아니지만, 그렇다고 못 견딜 정도는 아니라는 것이다.

  결혼의 현실은 참고 받아들일 충분한 가치가 있다. 몇 년만 잘 지나가면 이런 현실이 얼마나 편한지, 얼마나 안락한지 알게 될 거다. 세상에서 가장 편하게 민낯을 보여주며, 동지가 되고 친구가 되어 가는 경험을 하게 될 것이다. 사랑에 대한 새로운 정의를 만들게 될 것이다.

결혼은
시너지다

너희들이 결혼을 약속하며 만든 반지에 '우리는 시너지'라고 새겼다고 했을 때 엄마는 좋았다. 좋은 관계는 시너지를 내기 마련이다. 친구든 부부든 마찬가지다.

서로에게 힘이 되지 못하고 발목을 잡거나, 가지고 있는 능력을 떨어뜨리는 만남은 잘못된 만남이다. 엄마는 너희들이 함께 있음으로 인격, 도덕성, 가치관, 세계관이 더 고결해지고 품격 있어지기를 바란다. 사회적·경제적 성취나 성공만이 아니라 삶이 아름답게 성장하기를 바란단다.

절망이나 인생의 충격적인 일들이 일어났을 때, 결혼한 경우가 더 잘 해결한다는 많은 연구가 있다. 경제활동이나 건강도 마찬가지다. 결혼하면서 혼자 벌어 둘이 혹은 셋이 써도 혼자 살 때보다 저축을 더 하고, 투자를 더 하게 된다는 것이다. 건강도 함께 오래도록 살아야 한다는 책임감으로 서로 잔소리하고 챙겨주게 되어 행복한 결혼 생활을 하는 사람이 건강하게 장수할 확률이 더 높다는 연구 결과가 많다.

굳이 수명이나 삶의 만족도에 대한 수치를 들지 않더라도 아직도 많은 젊은이들이 결혼을 선택하는 것은 결혼이 주는 시너지때문일 것이다.

시너지(Synergy)는 Syn-ergo(함께 일하다)에서 유래된 말로, 두 개 이상의 요소가 함께 함으로써 1+1 이상의 효과를 낸다는 의미다.

시너지를 극대화시키는 중요한 요인으로 흔히 주인의식을 들더구나. 책임감을 가지고 각자의 자리에서 최선을 다하면 시너지가 나타난다는 것이다. 또 '성공하는 사람들의 7가지 습관'의 저자 스티븐 코비는 '사람들 사이의 정신적, 감정적, 심리적 차이점을 소중히 여기는 것'이 시너지의 본질이라고도 했다.

부부로서 시너지 효과를 극대화하기 위해서 너희들 각자 결혼에 대한 책임감을 가지고, 서로의 차이를 소중하고 감사하게 여기며 살아야 한다.

매일 아침 '우리는 시너지'를 외치며 시작하거라. 행복한 결혼은 인생의 시너지를 낸단다.

결혼은 거래다

 사람들은 대체로 결혼을 하기 전에 수도 없이 이해득실을 따져본다. 자신이 더 많은 이익을 남기기를 바란다. 그러나 세상에 일방적인 거래는 없단다. 그런데도 사람들은 결혼에 대해서만은 일방적으로 이익을 보려는 경향이 있더구나. 그것이 외모든, 학력이든, 직업이든, 재산이든, 인성이든 나보다 나아서 자신이 이득을 보기를 바란다.

 훌륭한 도피처를 만들기 위해, 경제적 안정을 위해, 안락한 생활을 보장받기 위해, 외모나 능력을 과시하기 위해, 똑똑한 후손을 위해, 혹은 부모에게 효도하기 위해 이익이 될 만한 상대를 찾는다. 결코 손해보지 않으려는 치열한 수싸움과 거래 끝에 결혼을 결정한다.

그러나 잃는 것이 있으면 얻는 것도 있고, 얻는 것이 있으면 잃는 것도 있는 것이 세상 이치다. 모든 거래는 상호 간의 이해관계가 맞아야 이루어지기 때문이다. 줄 것과 받을 것을 저울질해서 이 정도면 손해는 아니라고 판단하고 결혼을 결정한다.

그래서 엄마는 인정하기 싫어도 결혼은 거래라고 생각한다. 계약이 종료될 때까지, 나뿐 아니라 상대의 이익을 보장하는 아름답고 신뢰로운 거래인 것이다.

그러니 이미 거래가 성사되었다고 갑자기 돌변해 사기꾼처럼 굴면 안 된다. 달콤한 말로 상대를 속여 계약해 놓고, 계약을 무시하고 자신의 이득을 편취하는 행위를 사기라고 하듯이, 결혼했다고 결혼 약속을 위반하고 자기 마음대로 한다면 그것도 사기 결혼이다.

만약 거래를 깨는 행위를 한다면 경우에 따라서는 수백배의 위약금도 감수해야 한다는 것을 명심하거라. 서로 양보하고 타협하면서 좋은 거래관계가 이어지도록 노력하거라.

　아침밥 잘 차려 먹이고 현관까지 배웅하고, 퇴근하면 앞치마 두르고 밥상 차려 놓고 반기는 아내를 원한다면, 경제적인 여유는 조금 포기하는 것이 나을 것이다. 만약 아내가 경제활동을 해서 경제적 여유가 생기길 원한다면, 너도 아내의 삶에 여유를 선물할 궁리를 하거라.

　잔소리 안 하는 아내를 원하면 애교도 적은 아내를 감수해야 한다. 사람은 일관성이 있어서 말이 많으며 잔소리도 있는 법이다. 네 말에 한마디도 대꾸하지 않는 순종적인 아내를 원한다면, 직장이나 가정에서 당당하게 목소리를 내는 자존감 높은 아내는 포기하는 것이 좋을 것이다.

　옷 잘 입고 멋있는 아내를 원한다면 약간의 지출은 감수해야 한다. 뚝심 있게 일 잘하는 능력 있는 커리어우먼이길 원하면, 고집과 뚝심을 받아줄 각오가 필요하다.

　세상의 모든 것을 다 가질 수는 없다. 모든 것을 다 갖춘 여자도 없다. 그러니 조금 부족한 두 사람이 만나 '서로를 존중하며 함께 성장하고, 따뜻한 가정을 이루고 살기'로 거래하고 서약한 결혼이니 그 목표를 달성하기 위해 거기에 집중하고 노력하거라. 세상 모든 일은 선택과 집중이다.

   무엇이 네가 더 원하는 것인지를 빨리 결정해서 그것이 채워지면 그것에 감사하거라. 포기할 것을 포기하는 지혜를 먼저 익히란 말이다.

결혼은
실망이다

 처음 만난 사람에게 잘 보이려는 것은 인지상정이다. 그리고 멀리서 보면 좋아 보이고 남의 떡이 커 보이는 것도 인지상정이다. 술집에서도 남의 안주가 좋아 보인다고 하지 않니?

 결혼은 생활이기 때문에 연애할 때 보지 못한 것들을 볼 수밖에 없다. 잠도 자고, 밥도 먹고, 똥도 싸고, 코골며 자는 모습을 매일 보며 맞춰가야 하는 것이 결혼 생활이다. 신혼 때만이 아니라 평생 동안 "아! 아! 아! 어쩌면 이럴까?" "그래도 이 정도면 다행이다!" 실망과 위안을 왔다갔다하면서 늙어간다. 그래도 다행인 것은 시간이 실망의 강도와 횟수를 줄여준다는 것이다.

결혼에 대해 지나친 환상을 가지지 말거라. '똑 같으면 똑같아진다'는 말이 있다.

'내 아내는 다를 것이다'라는 헛꿈 절대 꾸지 말아라. 장담컨대 네 아내도 똑같다. 만약 네 아내가 너의 환상을 깨지 않고 있다면, 네 아내는 지금 피눈물 나는 노력 중일 것이다. 그렇다면 그것을 귀하게 알아주고 감사해야 한다. 네가 아내의 모습에 실망하고 있을 때, 네 아내는 너 때문에 통곡하고 있을지 모른다. 그러니 너 혼자 실망한 것처럼 호들갑 떨지 말거라.

그렇게 서로 나쁜 것, 지저분한 것도 보여주면서 세상에 한 사람 앞에서라도 편하게 살고 싶어 결혼하는 것이다. 매일 실망투성이로 보이는 인생살이지만 그것을 받아주고 이해해 주는 한 사람이 필요해서 결혼하는 것이라는 말이다.

만약 늘 설레고 싶다면 연애만 하면 된다. 결혼해서 가정을 갖는다는 것은 맘 편한 평생 친구를 곁에 두겠다는 결심이다. 친구가 방귀뀐다고 환멸을 느끼지는 않는다. 함께 유쾌하게 웃으며 퉁치면 그만이다. 친구가 실수했다고 비난하지는 않는다. 오히려 위로로 관계를 지킨다. 하물며 너희는 사랑하며 행복하게 살기로 서약한 부부다. 친구에게 할 수 있는 일이라면 네 아내에게는 수만번이라도 하거라.

   남자들은 보통 때론 친구 같은, 때론 애인 같은, 때론 엄마 같은 아내를 원한다. 그런데 말꼬투리 잡고 나의 약점을 쉽게 말하는 친구가 아닌, 툭하면 삐지고, 짜증 내고, 돈도 많이 써야 하는 애인이 아닌, 잔소리하고 닦달하는 엄마가 아닌 그 반대의 모습만 가진 아내이길 바란다. 그런 일은 절대 일어나지 않는다. 그러니 애저녁에 꿈 깨거라.

   사람의 행동에는 일관성이 있다. 만약 네 아내가 친구, 애인, 엄마의 좋은 면으로 네 입맛에 맞게 행동한다면 너는 엄청난 행운아다. 중간 정도의 친구, 애인, 엄마여도 너는 성공한 것이다. 욕심부리지 마라. 그러다 네 곁에 아무도 남지 않고 한순간에 훅 간다.

   결혼을 선택했다는 것은 실망할 준비가 되었음을 뜻한다는 것임을 명심해라. 고맙게도 그 실망이 연민과 사랑으로 변하는 날이 온다.

   그게 결혼이다.

결혼은
주는 것이다

결혼 전에는 안 그러더니 결혼만 하면 서로 받으려고만 하는 것 같다. 그러나 주는 자가 없는 받는 행위는 없단다. 누군가는 주어야 받을 수가 있는 것이지 받기만 할 수는 없기 때문이다.

그러니 동등한 부부관계라면 한 번 받았으면 반드시 주어야 한다. 네 아내가 한 가지를 양보했으면, 너도 반드시 한 가지 이상을 양보해야 하고, 네 아내가 한 가지를 해주었으면 너도 그 이상 해주어야 한다. 그래야 부부관계가 유지되는 것이다.

지혜로운 내 아들아!

사랑은 받을 것을 따지는 것이 아니라 얼마만큼 줄 수 있는가를 따지는 것이라고 하더구나. 자신의 소중한 시간과 감정, 힘, 자유, 체면을 얼마나 많이 그것도 흔쾌히 내어 줄 수 있느냐가 사랑의 깊이를 결정한단다.

　네 매형 말처럼 식사 준비하는 사람과 설거지하는 사람이 달라야 하는 것이 국룰이듯이 받으려면 반드시 먼저 주어야 한다. 혹은 받았으면 반드시 주어야 관계가 유지된다. 일방적인 관계는 없다. 설사 있다 해도 오래가지 못한단다.

　혹시 설거지 해줄 여건이 안 되면 입으로라도 밥값 해라. '맛있다. 식당차리자! 울 엄마보다 백배 낫다. 자기 정성에 눈물 난다.' 이런 말 막 쏟아내거라. 좋은 말 많이 해서 죽은 사람은 내 평생에 본 적이 없다.

　결혼하면 자신이 가지고 있는 것들을 무장해제 하고 다 내놓는 것이다. 요즘은 경제관리도 각자 한다지만 어쨌든 내 돈이든, 내 마음이든, 내 비밀이든 몽땅 내어 주는 것이 부부다.

　그렇다고 준다고 너무 생색내지 말거라. 결혼하면 원하든 원하지 않든 경제공동체, 운명공동체가 된다. 공동체가 된다는 것은 서로의 것을 기꺼이 공유하고 내어 주는 것이다. 운명조차도 상대에게 내어 주고 맡기는 것이니 주는 것을 당연하게 여기거라.

매일 외워라. 납득이 가지 않아도 하루에 10번씩 외우거라.
"결혼은 주는 것이다. 한없이 베푸는 것이다. 나는 아낌없이 주는 나무다!"

결혼은
아픈 것이다

성장을 위해서는 반드시 성장통이 따른다. 어려서 키가 크려면 다리의 모든 관절이 아프고, 마음이 성장하기 위해서는 사춘기라는 질풍노도의 아픈 시기를 겪는다. 그러나 그것을 잘 견디고 나면 어제와 다른 나를 발견한다. 그것이 성장통이다.

결혼도 한 여자와 한 남자가 만나 서로를 맞춰가며 성장하는 과정이니 어찌 성장통이 없겠느냐?

온갖 아픔을 겪으며 좌절도 하고 절망도 할 것이다. 그러나 그런 과정을 겪지 않는 부부는 성장하지 못한다. 그러니 싸워서 아프든, 참아서 아프든, 견디느라 아프든, 실망해서 아프든, 아프면 결혼이 성장하는 시기구나 생각하거라.
 청춘보다 더 아파야 결혼이다.

 뜨겁게 사랑한다는 것은 아픈 것이다. 사랑하면 안 해도 될 아픔을 겪는단다. 아픔도 상처도 없는 삶을 원한다면 아무도 사랑하지 않으면 된다. 그러나 너는 사랑해서 결혼했다.
 결혼이 멋진 이유는 한없이 아프지만 그 아픔이 나를 성장하게 하고, 한없이 힘들지만 그 힘듦이 나를 행복하게 하기 때문이란다.

 살아보면 안단다. 결혼이 왜 이토록 멋진 일인지를.

결혼에
잘못된 선택은 없다

 대부분의 사람들은 후회없는 완벽한 선택을 원하지만 흔하지는 않다. 그럼에도 결혼을 후회하는 것은 자기를 부정하는 행위다.

 너의 결혼은 싸구려가 아니다. 현실적으로도 엄청난 비용을 치뤘다. 우리 때는 없었던 웨딩 촬영, 브라이덜 샤워, 시간과 비용 깨가면서 하는 청첩장 전달 모임, 신혼여행, 혼수 등 엄청난 비용을 지불하게 되는 데 아무렇게나 결정했을 리는 없다. 게다가 하객들을 불러 결혼식을 했다면 그들의 시간과 마음의 비용은 천문학적이다.

 우리는 대체로 산 물건이 마음에 덜 들어도 비싸게 샀다면 버리지 않고 간직하려 한다. 기회가 되면 자랑도 하며 쓰다 보면 어느새 좋아지기도 한다. 결혼도 마찬가지다. 혹 마음에 들지 않아도 시간과 돈을 엄청나게 들인 것이니 꾹 참고 쓰고 또 쓰며 정을 들여야 한다. 후회할 시간에 사랑하거라.

마음에 안 든다고 제대로 써보지도 않고 버리는 1억짜리 시계는 없다. 조금 후회하더라도 비싼 것이니 애지중지 사용한다. 물론 되팔기도 한다만 아쉽게도 결혼은 반품도, 환불도 없다. 그저 추억 혹은 아픔을 간직하고 폐기처분해야 할 뿐이다.

결혼은 많은 비용과 시간, 발품을 팔았다. 게다가 돈으로 따질 수 없는 너의 마음을 주었다. 그렇게 선택했으니 싸구려 취급하면서 아무렇게나 살지 말거라. 네 아내를 세상에 단 하나밖에 없는 한정판 명품처럼 대하거라.

네 아내와 너는 돈으로 따질 수 없는 귀한 시간과 마음을 바쳐 맺어진 인연이다. 그러니 본전 생각해서라도 애지중지하고, 시간 나면 보듬어주고, 틈나면 나가서 자랑하거라.

값진 것은 값지게 써야 진가가 발휘된다.

모든 것은 소중히 다루면 소중해진다. 하물며 사람은 어떻겠느냐? 쓸데없이 남의 것 기웃거리지 말고 네 것을 소중하게 대하거라.

너의 가정, 너의 아내, 너의 아이들은 네가 목숨을 걸고 지키고 싶은 가장 소중한 네 인생의 재산이라는 것을 곧 알게 될 것이다.

그러니 너의 선택과 안목을 믿어라.

스스로 인정하기 전에 실패한 삶은 없는 것처럼, 스스로 팽개치지 않으면 잘못된 선택은 없다.

"자신의 판단과 선택을 옳게 만드는 것은 옳게 만들려는 노력이다.(드라마 대사 중에서)"

결혼은
소울메이트를 만드는 과정이다

아무도 상대를 속속들이 알 수는 없다.

소울메이트가 확실하다고 생각하고 결혼해도 실망하고 마음이 변하는 데는 그렇게 오래 걸리지 않는다. 사실 소울메이트를 만나 결혼한다는 것은 환상이다. 어떻게 각기 다른 삶을 살아온 사람들의 영혼이 그렇게 쉽게 하나가 될 수 있겠느냐?

'부부니까 말하지 않아도 내 마음을 딱딱 알아야 하는거 아니야?' 따위의 말로 피곤하게 굴지 말아라.

너를 너보다 더 잘 이해해 주리라는 꿈은 애저녁에 갖다 버려라. 너는 그냥 너고, 네 아내도 그냥 그 사람이다.

'결혼해 보니 내가 그토록 사랑한 사람이 맞는지 의심스럽다'느니, '그렇게 딱딱 맞던 사람인데 잘 못 본 것 같다'느니 같은 헛소리할 생각 말아라. 세상에 그런 짝은 하나님도 만들지 않으셨다.

소울메이트는 시간과 노력이 만들어주는 귀한 수공예품이다. 사랑과 기다림으로 만들어지는 결혼의 역작인 것이다.

그러니 결혼은 소울메이트와 하는 것이 아니라, 소울메이트를 만들어 가는 법을 배우고, 자신이 누군가의 소울메이트가 되어 가는 과정이다. 사랑이라는 아름다운 기적을 통해 누군가의 완벽한 소울메이트로 발전해 가는 여정인 것이다.

엄마아빠는 40년도 넘게 서로를 받아들이며 잘 맞추려 노력하며 살았다. 그런데도 "어떻게 이렇게 안 맞을 수가 있나?" 탄식하는 날도 있는 것을 보면, 소울 메이트를 만드는 과정이 쉽지만은 않은 것 같구나.

그럼에도 한 40년쯤 되니 눈빛만 봐도, 숨소리만 들어도, 걸음걸이만 봐도 무엇이 그를 아프게 하는지, 무엇이 그를 웃게 하는지, 무엇이 그를 슬프게 하는지 알 수 있을 정도가 되었다. 앞으로 한 30년쯤 지나면 완벽한 소울메이트가 되어 있지 않을까 기대해 본다.

 그러니 지금 네 아내가 너와 딱딱 맞지 않는다고 조급해 하지 말거라. 너희들의 보낸 사랑의 시간이 너희들을 서로에게 최고의 소울메이트로 만들어 줄 것이다. 그러니 서로 보듬어주고, 맞추어 가면서 소울메이트가 되어가는 과정을 즐기거라.

세상에
완벽한 결혼은 없다

　사람은 누구나 흠결이 있다. 그것이 크거나 작거나, 혹은 중요하거나, 중요하지 않을 뿐이다. 그렇게 태생부터 부족한 두 사람이 만나 결혼을 했으니, 결혼은 애초부터 완벽하지 않다.

　그저 눈이 삐고, 콩깍지가 씌워지고, 동태눈이 되어서 완벽한 내 짝이라고 착각했을 뿐이다. 이 사람이라면 나의 반쪽이 되어 완벽한 원을 만들 수 있을 것이라고 믿고 결혼을 결정한 것뿐이다.

　세상에 처음부터 완벽한 짝은 없다. 그러니 완벽한 결혼도 없단다. 다만 결혼은 신성한 약속이고, 게다가 아이가 생기면

신의 엄청난 보물을 맡은 것이니 최선을 다하며 서로 맞추어 가는 것이다.

완벽은 궁극의 노력에서 나온다는 말이 있다. 고치고 또 고치고, 생각하고 또 생각하고, 실패하고 또 실패하면서 서서히 이루어지는 과정이다. 만약 너의 결혼이 완벽하지 않다고 생각이 들거든, 너 자신의 완벽하지 않음을 돌아보거라. 남 탓하지 말거라. 그건 쫄보나 하는 짓이다.

남자와 여자가 상대를 고르는 기준은 다르다고 한다. 그러나 이들의 한 가지 공통점은 기대려고 한다는 것이다. 정신적이든, 돈이든, 여유든, 상대가 가진 것에 기대려는 마음이 있기 때문에 결혼하게 된다는 것이다. 그렇지만 서로 기대려고만 해서야 어떻게 완벽하게 설 수 있겠니?

사람인(人)은 두 사람이 기대서 함께 산다는 의미를 가진 상형문자라고 한다. 엄마는 이 해석이 별로다. 그러면 밑에서 기댐을 당하는 사람은 얼마나 고통스럽겠니? 엄마 눈에는 사람인(人)은 서로 기대고 있는 형상이 아니라, 조금 큰 사람이 작은 사람을 안고 있는 것처럼 보이는구나.

그래야 사람이다. 보듬어야 사람이란다.

두 사람이 그렇게 보듬고 안아주면서 서로를 맞추어 가는 것이 결혼이란다. 살다보면 언젠가는 울퉁불퉁한 반쪽이 서로 맞춰지면서 온전한 원을 만들기도 하겠지.

2장

남편의 언어사용법

'별 것 아니네'는 금기어다

 선은 점의 집합체인 것처럼, 작은 일들이 모여 큰일이 되고, 작은 노력이 모여 엄청난 성공을 부른다. 세상에 별것 아닌 사람이 없듯, 별것 아닌 일은 없단다. 더구나 네 아내가 하는 일에 별것 아닌 것은 아예 없다고 생각하면 된다.

 아내가 하는 집안에서의 일이 때로는 하찮아 보이기도 하고, 소소한 일을 챙기는 것이 시시해 보일 수도 있다. DNA상 남자는 좀더 큰 것에 특화되어 있고, 여자는 섬세한 것에 능숙할 수도 있다. 그러나 결혼이라는 것은 고전적인 표현으로 '너와 내가 합쳐 우리'가 되는 것이다. 그러니 '원래' '남자라서' 따위의 변명은 하지 말거라. 원래부터 원래는 없다.

아내가 작은 일에 목매달면 너도 작은 일에 목을 매거라. 아내가 눈가 잔주름에 민감해지면 너는 돈이든, 말이든 즉각 반응해야 한다. 아내가 새로 산 옷에 도취되어있다면 즉각 반응해서 칭찬해 주어라. 별것 아닌 것 같은 말로 상처받아 우울해 하면, 그 말을 한 사람을 최고 형벌에 처해 주어야 한다. 섣불리 "별것 아닌 말에 왜 그렇게 예민해?"라고 했다가는 대전쟁이 일어날 수 있다.

종일 부엌에서 뚝딱거리더니 입맛에 썩 맞지도 않는 찌개 하나 끓여와서 생색내더라도 너는 최고의 쉐프가 마련한 정찬처럼 반응해야 한다. 그래야 늙어서 따뜻한 밥 한 끼라도 편히 먹을 수 있다. "그까짓 것 나도 할 수 있겠네!"는 지옥으로 직행하는 최고 형벌의 말이다.

이것은 절대적으로 아빠를 닮아야 한다. 엄마가 어설픈 식사를 차려줘도 아빠는 "자기는 퇴직하면 식당 차려야 해. 대한민국에서 이런 밥상 받는 사람이 어디 있어. 와! 자기는 못하는 게 뭐야?"라고 반응한다.

이 말에 넘어가 평생 그렇게 바쁜 직장 생활을 했어도 요리는 아빠에게 양보 안 하고 지금껏 버티며 고래춤을 추는 중이다. 그러니 너를 위해서 영리하게 굴어야 한다.

아내가 혹시 엄마나 아빠 때문에 예민해 하면 엄마 아빠 자식이 아닌 것처럼 굴어도 된다. 결혼한 아들은 내 아들이 아닌 '며느리의 남편' '사돈댁 아들'이라는 말 엄마는 그대로 믿고 살 작정이다. 혹시 아내가 처가 일 때문에 걱정스러워 하면 너는 전역이 연기된 말년병장처럼 예민하게 반응해 줘야 한다.

아내의 말이나 행동에서 '별것 아닌 것은 하나도 없다'고 시험공부하듯 외워라. 그것이 어떤 것이든 아내의 생각과 말은 모두 중요하다고 생각하고 줄 치며 외우고 경청하거라. 학교 다닐 때 줄 치며 공부한 적 없는 너로서는 쉬운 일이 아니겠지만, 결혼생활은 학교생활보다 훨씬 어려운 것이니 몇 배 열심히 공부해야 한다.

결혼은 몇십 년을 다른 가정 문화와 정서에서 살아온 새로운 사람을 알아 가는 일이니 수학 문제 푸는 것보다 훨씬 어렵다는 것을 알아야 한다. 수능 공부하던 때의 노력을 결혼 생활 초창기에 퍼부어라. 긴 인생을 돌아보면 그깟 점수가 뭐라고 밤새워 공부도 했는데, 지금부터 몇십 년을 함께하며 하나의 가정을 만들어 갈 네 아내를 알아가기 위해 한 몇 년 밤새우며 공부하는 것이 대수냐? 너 학교 다닐 때 공부하듯 하면 큰일 난다. 그저 닥치고 이 악물고 열심히 노력하거라.

"별것 아니네!" "그까짓 것 가지고~" "겨우 그런 일로~"라는 말은 이제부터 네 아내와의 대화 언어 사전에서 지워라.

이런 말들은 위로할 때 외에는 절대 쓸모가 없는 말이다. 아무 때나 이 말 쓰다가 봉변당할 수 있으니 이제부터 잘 생각하며 말해야 살아남는다.

변명하지 말아라

　살다 보면 분명 궁색한 변명이라도 필요할 때가 있다. 사실 '배 째라!' 식으로 아무런 변명도 하지 않는 것이 더 얄밉고 화나는 일이지만 그렇다고 변명으로 일관한다면 부부의 신뢰는 깨진다.

　부부는 첫 계명도 신뢰고 마지막 계명도 신뢰다. 믿음이 깨지는 순간 부부관계는 끝나는 것이다. 신뢰를 쌓아가는 방법은 그렇게 어려운 것이 아닌 것 같구나. 소소한 약속이라도 잘 지키는 것에서 신뢰가 쌓이고, 작은 무심함에서 신뢰가 깨지는 것이 인간관계란다.

그러니 기념일이나 생일을 잊어놓고 원래 그런 성격이라며 성격 탓으로 변명한다든가, 처가에 가기로 해 놓고 일이 생겼다며 습관적으로 미룬다거나, 퇴근길에 사 오라고 부탁한 것을 잊어 놓고 일이 바빴다며 핑계거리를 만들지 말거라. 그런 것들은 결국 노력을 하지 않았거나, 네가 아내나 가정을 1순위에 두지 않았다는 것을 나타내는 것이다. 그러니 지킬 약속을 하고, 약속했으면 무조건 지켜야 한다.

부득이 약속을 지킬 수 없었다면 변명하려 하지 말고 '미안하다'고 해라. 맨날 미안하다고 하고 변하지 않는다고 짜증을 내도 변명하거나 핑계를 대며 얼렁뚱땅 넘어가는 것보다는 낫다.

벌컥 화를 내놓고도 '원래 내 성격이 그런 것 몰랐냐?'며 옹색한 변명을 늘어놓지 말아라. 노력만 하면 성격적 약점은 얼마든지 줄일 수 있다. 많은 성격 연구나 교육이 그런 가능성 때문에 존재하는 것이다. 성격대로 살려면 황제나 독재자가 되어야 하는데, 너는 평범한 가장이니 성격대로 절대 살 수 없다. 타고난 성격이라도 상황에 맞춰가면서 잘 살려 노력해야 한다.

결혼은 사랑하는 사람을 위해 나를 바꿀 준비가 되어있고, 아무리 어렵더라도 가정의 행복을 위해 노력하겠다는 선언이다. 그러니 변명 따위 늘어놓지 말고 정공법을 택해라.

선의의 거짓말도 필요하다

　알고 있는 사실을 조금 모른 척한다고 세상이 변하지 않는다. 큰 피해가 가지 않는 선의의 거짓말 한다고 잡혀가지는 않는다. 혹시 네 아내가 "다시 태어나도 나하고 결혼할 거야?" 같은 유치한 질문을 하거든 그렇든, 그렇지 않든 무조건 "당연하지! 나는 당신 없이는 절대 못사는 것 알잖아?"라고 말해 주어라.

　유머랍시고 "한 번 살아봤는데 뭘 또 살아!" 혹은 "너하고 또 살려면 뭐 하러 또 태어나냐?" 따위의 말을 하려거든 아예 입을 다물어라. 그 말이 네 아내의 평생 상처가 되거나, 너의 평생 빌미가 될지 모른단다.

그것이 진심이든 아니든 여자는 그런 소소한 말로 세상을 다 얻은 듯 기뻐하기도 하고, 상처받아 두고두고 꺼내보며 아파하기도 한다.

아빠가 젊은 시절 엄마가 물으니 "똑같은 여자하고 두 번 살면 재미없잖아?"라고 해서 몇 일간 많이 삐진 적이 있었다. 지금도 가끔 그 말을 생각하면 속상할 때가 있다.

혹시 아내가 너무 뻔한 이야기를 즐겁게 해주면 처음인 척 잘 듣고 맞장구 쳐주어라. 이미 아는 이야기라고 김 빼지 말아야 한다. 그런 배려들이 쌓여 소소한 것들도 알콩달콩 이야기하며 살게 된다. 부부는 그런 소소하지만 따뜻한 대화로 깊어지기도 하고, 소소한 김 빼는 이야기로 멀어지기도 한단다.

아내가 "나 오늘 예뻐?" 물어보면 팩트를 알아야 정신 차린다고 아무짝에도 쓸모없는 말 하지 말아라. 한 발짝만 나가도 비루한 팩트를 알려주는 사람이 널려 있다. 너까지 네 아내의 진실의 문이 되어 줄 필요는 없다. 영혼 없어도 좋으니 그냥 "와우! 예쁜데?"라고 해라. 거기다 영혼을 넣어 반응해 준다면 세상에서 가장 황홀한 빛을 네 아내에게 선물하는 것이다.

아빠는 유학을 다녀와 교수가 되었을 때 "나는 노는 것 좋아하는 데, 니 엄마한테 붙잡혀 할 수 없이 공부해서 교수가 되었다."며 엄마 덕분에 교수 되었다는 말을 자주 했었다. 물론 아빠의 능력과 노력으로 이룬 것이지만, 아빠 학비 대느라 중국집 홀서빙이며, 청소며, 온갖 궂은일 마다하지 않은 엄마의 힘든 시간을 날려주는 비타민 같은 말이었다.

　　하얀 거짓말은 하나님도 허락한 거짓말이다. 오죽하면 하얀 거짓말이라고 하겠느냐? 하얀색은 모든 것을 포용한단다. 특히 아내가 듣고 싶어 하는 말이 무언지 알면서도 심통 부리듯 엉뚱한 소리를 하는 것은 속 좁은 짓이다. 그런 것은 '말'이 아니고 그저 '소리'다. 개소리다. 그러다 정말 투견처럼 서로 헐뜯고 싸우는 부부가 될 수 있다.

　　남편은 남의 편, 혹은 남의 편만 들어주는 사람이 아니라 '남사스러울 정도로 내 편만 들어주는 남자'다. 그러니 그런 남편이 되거라.
　　그래야 한다. 그것이 너만 믿고 새로운 세상을 살아가려고 힘을 내는 네 아내를 위하는 최소한의 예의다.

행운을 부르는
말습관을 익혀라

말은 힘이 세다.

엄마가 살아보니 말은 정말 힘이 세다. 말은 행운을 부르기도 하고 불운을 불러들이기도 한단다. 너의 말을 가장 먼저 듣는 사람은 너 자신이다. 그러니 독을 품은 말, 조롱하는 말, 비관적인 말, 부정적인 말을 하면 듣는 사람보다 먼저 자신이 듣는다. 결국 상대를 죽이는 말은 나를 가장 먼저 죽이는 말이 된다는 의미다.

중국 부자 마윈의 성공비결 가운데 하나는 부정적인 단어를 쓰지 않는 것이었다고 하더구나. '불행하다'고 생각이 들 때도 '불행'이라는 말 대신에 '편안'하지 않다는 말을 썼다고 한다. "그렇게까지?" 하는 생각도 들겠지만 긍정어는 인생의 행운을 불러온다는 확고한 신념을 실천한 것일 것이다.

혹 네 아내나 아이들이 너를 힘들게 해도 '실망했다!' '한심하다.'와 같은 부정적인 표현은 하지 말거라. 그런 말들은 사랑하는 사람의 살아갈 의미와 가치를 빼앗는 파괴의 말이다. 너의 말 한마디로 네 아내의 삶을 망치게도 흥하게도 할 수 있다는 것을 명심하거라.

바라는 것을 말로 표현하다 보면 언젠가 그렇게 된다는 것을 엄마는 체험하며 살았다. 그야말로 찢어지게 가난했던 7남매 홀어머니 막내딸인 엄마는 긍정의 말과 생각으로 여기까지 왔다. '행운은 웃는 얼굴로 들어왔다가 불평하는 입으로 나간다'는 영국 속담을 가슴에 새기며 살았다.

엄마는 평생 마음속으로라도 부정적인 생각, 미움의 생각을 안 하려고 노력했다. 더구나 입 밖으로 내려 하지 않았다. 아빠에게도 그렇지만 너희들 앞에서는 마음으로라도 나쁜 말을 하지 않으려 했다. 내가 너희들에게 '예쁘다. 잘생겼다.

최고다. 능력있다. 믿는다!'라고 하면 너희들은 말하곤 했다.
"엄마니까 그렇게 보이는 거야!"

그래. 엄마니까 그렇다.
너도 남편이고, 아빠니까 그렇게 살아라. 그렇게 복을 부르는 축복의 말을 매일 하며 살 결심을 하거라. 속으로 하는 말이든, 겉으로 하는 말이든 행운을 부르는 건강한 말을 많이 사용하거라. 그게 네가 가족에게 물려줄 성공의 언어다.

언어도 습관이다. 습관은 꾸준한 연습과 훈련으로 만들어진다. 습관은 결국 네 인생을 바꾼다. 그리고 네 가족의 삶을 바꾼다. 그러니 소중한 너를 위해서라도, 목숨보다 더 사랑하는 가족을 위해서라도 행운을 부르는 말 습관을 익히거라. '감사하다, 행복하다, 즐겁다'를 매일 10번 이상 습관처럼 외거라. 엄마처럼 노래하듯 외거라.

아침마다 거울을 보면서 너 자신에게 말해라
"멋진 내가 맞이할 감사한 하루가 설레는데? 자! 이제 행복을 나누어 주러 활기차게 움직여 볼까?"

말꼬투리
잡지 말아라

사실 말꼬투리 잡는 것은 남자든 여자든 예민하거나, 우쭐하고 싶은 마음이 많은 사람들이 더 자주 하는 것이긴 하다. 혹은 평상시와 달리 화가 나 있을 때나, 상대를 이겨 먹고 싶을 때도 나오는 말투다.

네가 집안일을 도와준다고 했을 때 네 아내가 "도와주긴 뭘 도와줘? 자기 할 일 하는 거지!" 하거든 삐지지 말아라. 아마도 네 아내는 지금 매우 지쳐있거나, 너의 평소 행동이나 말에 화가 나 있는 상태일 것이다.

"아! 맞네! 해주는 것이 아니라 하는 거네!" 하면 된다. 본질은 네가 집안일을 하려는 것에 있으니, 소소한 말 한마디로 네가 하고 싶은 행동을 포기하진 말거라.

 혹시 아내가 "당신 어머니 대체 왜 그래?" 하거들랑 "당신 어머니가 뭐야? 자기는 기본 예의도 없어? 너네 엄마는 다르냐?"며 말꼬투리 잡을 생각 말아라. 평상시 잘하던 아내가 엄마를 '나의 시어머니가 아닌 너의 어머니'로 콕 찍을 때는 무언가로 잔뜩 삐져있는 거다.

 본질이 무엇인지 알면서도 자존심 때문에 그까짓 말꼬투리 잡다가 아까운 사랑을 놓치지 말거라. 평상시에 저축 잘해 놓은 아내의 고운 행동은 나 몰라라 하고 한 번의 잘못만 파고들며 괴롭히지 말거라. 너도 괴로워진다.
 시간이 흘러 돌아보면 아무것도 아닌 일로 너무 많은 에너지와 감정을 쏟지 말아야 한다는 말이다. 적당한 말다툼이나 싸움은 서로를 알아가는 과정이긴 하지만 지나치면 사랑의 길을 막는단다. 말꼬투리 잡지 말고 통 크게 굴어라. 성차별적인 말이긴 해도 그래야 남자다.

 그렇다고 삐져서 입다물지 말아라. 아내가 하는 대부분의 못마땅한 말본새는 억울하다는 감정에서 나오는 것이다. 억울함은 실체가 없지만 그것이 실체가 생기면 폭력성이나 우울로 나타난다. 그러니 너무 심하지 않으면 복잡한 말 하지 말고 '그래? 그랬어? 알았어!' 짧고 단순한 말로 해결하거라. 좀더 다정해지고 싶으면 "속상했으면 미안해." 한 마디 더 붙이면 금상첨화다.

'귀, 피'로 시작하는 말
삭제하거라

　혹시 '누죽 걸산'이라는 말 들어봤니? '누우면 죽고 걸으면 산다'는 우리 나이 또래의 신조어다. 물론 너희들 나이 때는 생리적으로 눕고 뒹굴거리는 것을 좋아하지만 너무 게으르게 몸을 방치하지 말거라. 엄마는 바빠서도 그랬지만 낮잠은 평생 거의 자지 않았다. 퇴직한 지금도 할 일 없이 빈둥거리거나 낮잠으로 늘어져 있지는 않는다.

　어떤 사람들은 낮잠이 건강에 좋다고 하지만 밤에 못 자서 쪽잠으로라도 건강을 챙기는 것이 아니라면 낮잠 자지 말아라. 귀찮다는 말도 하지 말거라. 피곤하다는 말도 달고 살지 말거라.

너 사춘기 때 '귀찮다, 피곤하다, 알아서 한다'는 말을 하도 많이 해서 '귀'하고 '피'로 시작하는 말을 금기어로 정했던 것 기억나니?

아이가 생기면 더 그래야 한다. 아이들의 어린 날은 금방 지나간다. 조금 여유가 생겨 그 시절로 돌아가려 해도 아이들은 이미 커버리고 만단다. 너희들이 그랬듯이.

아빠 엄마가 그 어렵고 바쁜 유학 생활 중에도 주말이면 너희들 데리고 들로 산으로 여행을 다녔던 것을 기억할 것이다. 엄마는 어깨가 빠질만큼 무거운 중국집 접시를 들고 날라야 했던 웨이트리스에, 아빠는 모두가 퇴근한 한 밤중에 페더럴 익스프레스 화장실 청소를 하면서도 제일 먼저 산 것은 당시로서 아주 비싼 캠코더였다.

미국 유학 생활은 엄마아빠에게는 좀더 잘 살기 위한 추가 시간이었지만, 너희들에게는 성장하면서 맞이하는 오롯한 최초의 시간이었기 때문이다. 주말이면 아무리 바빠도 '귀찮다, 피곤하다' 하지 않고 너희들 데리고 온갖 경험을 해주려 애썼다. 그래서 지금 너희들이 엄마아빠 말이라면 '귀찮다,

피곤하다' 하지 않고 달려와 주는 것일지도 모르겠구나.

  '귀찮다, 피곤하다'는 말은 습관이 된다. 아예 그 말을 네 단어 목록에서 삭제해 버려야 한다. 그리고 '괜찮다, 할 만하다'로 대체하거라. 그리고 힘내서 달려들거라. 그러면 네 가정이 더 활력 있고 유쾌한 곳이 될 것이다.

칭찬을
밥먹듯 해라

너무 상투적인 말이지만 칭찬은 정말 고래도 춤추게 한다. 살아보니 비판자는 세상에 엄청나게 널려 있지만, 숨은 장점을 찾아 진정한 칭찬을 해줄 사람은 부부밖에 없다.

세상은 더 각박하고 힘들어졌다. 칭찬을 많이 하라고 배우지만 진심으로 다른 사람을 칭찬해 주기는 쉽지 않더구나. 그래서 서로에게 진심을 다해 칭찬해 주는 사람을 곁에 두기 위해 비싼 대가를 치러가며 부부가 되는지도 모르겠다.

혼자 사는 것이 경제적으로나 육체적으로 더 편할 수도 있다. 무거운 책임감 없이 나 혼자 조금 벌어 잘 살 수도 있다. 그런데도 너나 네 아내가 결혼을 선택한 것은 평생 든든한 내 편, 가장 어려울 때 결코 배신하지 않고 내 편을 들어줄 한 사람이 되어 줄 것이라는 믿음 때문일 것이다. 그러니 처음 그 마음을 절대 잊지 말거라.

요즘의 사회생활은 정글이다. 매일 매일 비루한 하루를 붙들고 살아 남아야 하는 외줄타기다. 그런 힘든 일상을 마치고 집에 오면 든든한 내 편인 그 사람이 나를 칭찬해 주고 격려해 준다면 힘이 나지 않겠니? 하루의 수고를 알아주고 위로해 준다면 눈물도 나지 않겠니? 그렇게 힘을 얻은 네 아내는 칭찬을 즐기는 멋진 사람으로 성공하는 삶을 살 것이다. 따뜻한 칭찬은 자존감의 근원이기 때문이다.

매일 기계음으로 장점을 칭찬하게 했는데도 그 사람의 일 에너지는 증가하고 성과도 나아졌다는 실험연구는 코끝을 찡하게 한다. 사람은 그렇게 약한 동물이다. 네 아내만이 아니라 누구에게도 칭찬에 인색하지 말거라.

아내에게 매일 '1칭 1뽀' 하거라. 한 번 이상 칭찬하고 1번 이상 뽀뽀해 주어야 한다. 퇴근길에 아내에게 칭찬해 줄 일을 찾는 시간을 1분이라도 가져라. 없다고 우기지 마라. 칭찬거리 없는 사람은 세상에 단 한 사람도 없다. 어디를 어떻게 보는 가에 따라 다르다. 부족한 면만 보면 그게 전부인 것처럼 보여 칭찬에 인색해질 수밖에 없단다. 사람은 자신의 마음 그릇만큼 행복을 누린다. 긍정의 눈으로 세상을 보고, 장점을 찾아 칭찬해 주면 너도 행복해질 것이다.

　칭찬의 반대는 비난이 아니라 벌이다. 칭찬받아 마땅한 것도 입을 다물고 있으면 그 사람에게는 벌이 된단다. 반듯하게 잘 자란 아이들의 공통점은 다정하고 따뜻한 아빠가 있다는 것이다. 아빠가 없으면 엄마, 아니면 그 아이를 진심으로 믿고 기대하고 칭찬해 주는 단 한 명의 어른이라도 있었다는 카우아이섬 연구는 감동적이지 않니? 엄마는 네가 그런 다정하고 따뜻한 남편이자 아빠이길 진심으로 바란단다.

　장점과 약점은 마치 피스톤과 같다. 하나를 올려주면 다른 하나는 내려간다. 칭찬으로 장점을 올려주면 약점은 내려가게 되어있다. 칭찬으로 네 아내의 장점만 끌어올리고 약점은 수면 아래 머물게 하며 살거라. 그게 가장의 의무다.

엄마는 아빠의 칭찬과 격려로 여기까지 왔다.

"자기는 현명하잖아. 자기는 글을 잘 쓰잖아. 자기만큼 똑똑한 사람이 어디 있어? 못하는 게 뭐야? 자기가 있어 내가 성공했어."

이런 말을 듣고 산 여자의 삶이 궁금하면 엄마를 보거라.

절대 양보할 수 없다는 말
하지 말거라

  결혼했다면 부부간에 절대 양보할 수 없는 일은 없다. 아내가 간절히 원하면, 아이들이 바란다면 양보해야 한다. 그래야 아빠고 남편이다.

  너만의 시간, 너만의 취향, 너만의 취미 따위를 절대 양보할 수 없다고 고집 피우지 말거라. 이제 결혼했으니 너의 소중한 것들에 네 아내와 아이들이 들어와 두루뭉술해져야 한다. 유연해지라는 말이다. 고집은 화를 부르고 그 화가 네 인생을 망칠 수 있단다.

  유연함은 나이가 든다고 저절로 생기는 것이 아니다. 유연함은 애정에서 나온다. 사람에 대한 애정, 세상에 대한 애정,

삶에 대한 애정이 있는 사람은 유연하다. 그 유연함은 자기애로 발전한다.

나보다 너를 더 사랑한다고 달콤하게 속삭여 놓고, 목숨도 내놓겠다고 꼬셔서 결혼해 놓고, 그까짓 TV프로, 친구, 취미 따위를 양보할 수 없다고 고집 피우는 것은 사기다. 필요하다면 부모와 형제도 양보하거라.

엄마아빠는 너 행복하면 그만이다. 아내가 너에게 엄마아빠에게 하고 싶은 것 양보하라고 하면 그냥 양보하거라. 네가 하고 싶은 것이 무엇인지 안 봐도 잘 안다. 싸우고, 헤어진다고 징징대지나 말거라.

엄마아빠도 네 아내의 남편 뺏어올 마음 없다. 우리는 우리대로 잘산다. 그러니 양보하거라.

너도 알다시피 우리 집은 TV가 거실에 한 대 있다. 할머니 모시고 살 때는 할머니 방에 한 대가 더 있었지만, 지금은 경품으로 그냥 준다는 것도 거절했다. 그렇지 않아도 나이 들어 대화도 부족해지는데 공통 화제도 없어서야 되겠니? 많은 부부들은 TV를 두 대 놓고 각자 좋아하는 것을 본다고 하더라. 그것도 나쁘지는 않다. 엄마는 엄마의 방식을 내 아들에게 말하는 것이다.

낮 동안 떨어져 각자 잘하는 일, 좋아하는 일을 했으니, 최소한 저녁에는 조금 양보도 하면서 상대가 좋아하는 것을 함께 하려는 마음을 젊어서부터 가져야 한다. 아내가 드라마 좋아하면 네가 좋아하는 축구를 양보하거라. 드라마 보는 것도 나름 재미있다. 인간 공부나 세상 돌아가는 것을 알려줄 것이다. 정 혼자 보고 싶은 것이 있으면, 혼자 있는 시간에 다시 보기 하거라. 절대 양보 못 한다고 TV 꿰차고 심술 내지 말아라.

고집을 피는 사람은 대개 자존감이 낮다. 자신의 나약함을 고집으로 감추려 하는 것이다. 자존감 높고 자아가 강한 사람은 유연하다. 어떤 상황에서도 나를 지킬 자신이 있기 때문이다.

네가 살면서 절대 양보 못 할 것은 단 한가지, 가족에 대한 사랑과 책임뿐이라는 것을 명심하거라.

미안하다는 말을
물 마시듯 해라

엄마의 요즘 하루에 물을 2리터 이상 마시기 위해 다양한 방법을 쓰고 있다. 그 정도 마셔야 혈관의 불순물이 빠지고, 혈액 순환이 잘 되어서 노후의 많은 병을 예방할 수 있단다.

'미안하다'는 말은 물과 같다. 네 삶에서 가장 중요한 네 아내와의 관계를 물 흐르듯 편하게 만들어 준단다. 물이 혈액을 맑게 해주듯 진심이 담긴 사과는 부부관계를 맑게 해준다. 그런 관계는 노후의 행복한 부부생활을 약속한다.

언젠가 인스타를 보니 '아무 잘못도 안 했는데 내가 왜 미안하다고 해야 하느냐?'는 생각이 들면 아직 결혼할 때가 아니라는 것이 있더구나.

이유를 몰라도 그저 미안하다고 해라. 35년 전 엄마 초보운전 시절에 사람들은 교통사고 났을 때 절대 먼저 미안하다고 하면 안 된다고 조언해 주었다. 그러나 지금은 아무 상관 없다. 내 잘못이 1도 없는 일방사고라도, 놀랬을 상대방을 위해 '미안하다, 괜찮냐?' 해도 보험사가 알아서 다 처리해 준다.

아내가 무언가를 따지면서 너를 다그치면 앞뒤 생각하지 말고 미안하다고 해라. 그게 평화를 얻는 방법이다. 결혼은 논리나, 체면이나, 능력으로 유지되는 것이 아니다. 더더구나 자존심은 아무짝에도 쓸모없다. 결혼은 사랑과 의리, 책임으로 더욱 단단해지는 것이다.

존경받는 리더들은 본인의 잘못한 것이 아니더라도 동료나 부하를 위하는 길이라면 기꺼이 미안하다고 한다. 그리고 그것을 책임지고 해결하려고 한다. 너도 존경받는 가장으로서 크고 작은 일에 따지지 말고 미안하다고 하거라. 네가 잘못했다면 더 말할 것도 없다. 아내에게조차 사과할 줄 모르고 똥고집 피는 사람의 사회생활은 안 봐도 뻔하다.

품위를 높여주는 말을 즐겨라

'헤어질 결심'이라는 영화에서 남자 주인공이 여자 주인공에게 하는 대사가 있다.

"품위는 어디서 나오는지 알아요? 자부심이에요. 나는 자부심 있는 경찰이었어요. 그런데 여자에 미쳐서 수사를 망쳤죠. ....나는 완전히 붕괴되었어요."

맞다. 품위는 자부심에서 나오는 것이다. 자부심은 자신의 외모, 신념, 감정 등이 인정받을 때 생겨나는 마음이라고도 한다. 결국은 자기 존중감이겠지. 자부심을 갖기 위해서는 자기애는 물론이지만 다른 사람들의 인정과 존경이 필요하다는 말이다.

너와 네 아내의 품위는 서로의 존재를 통해 자부심을 가질 때 나온단다. 자존감을 살려주고 자부심을 느낄 수 있도록 좋은 말과 행동으로 네 아내를 격려하고 지지하거라. 부정적인 말이나 평가는 네 아내를 붕괴시킬지도 모르니 말이다.

'당신이 무슨! 먹는게 그게 뭐야? 살좀 빼! 하는 짓마다 어째 그 모양이야, 여자가, 당신 친정은 어째~~, 당신은 그게 문제야, 실망이야, 한심해' 이런 똥값밖에 안 되는 말로 비싸게 산 결혼생활을 평가절하시키지 말거라.

네 아내는 너로 인해 춤추는 여자다. 또 너는 네 아내의 말로 춤추는 남자다. 결혼하면 그렇다. 그러니 자존감 떨어지는 말 하지 말아야 한다. 네 아내의 자존감을 박살 내서 얻을 수 있는 것은 아무것도 없다. 너조차 붕괴될지 모른다.

"당신은 뭐든 잘해. 당신이 있어서 행복해. 당신이니까 가능한 일이야. 당신 덕에 내 인생이 풀렸어." 이런 좋은 말을 습관처럼 하거라. 콕콕 쪼는 말, 살 도려내는 말은 아예 봉인하거라.

엄마는 어려서 수줍음도 많았지만 열등감으로 사람들과 어울리는 것을 싫어했다. 그런데 활동적인 네 이모는 "너는 친구도 없니? 그렇게 방구석에서 책만 보다가는 나중에 사회생활 어떻게 할래?" "왜 그렇게 소심하니?" "얼굴이 하지 감자 같아서 터질 것 같다."등 기를 죽이는 말을 많이 했다.

물론 이모는 엄마를 아주 이뻐했고 지원도 많이 해주었다. 엄마에 대한 이모식의 사랑 표현이자 걱정이었겠지. 그럼에도 고등학교 때까지 엄마의 정체성은 공부는 잘 하지만 소극적이고 열등감 많은, 키 작고 안경 쓴 못생긴 아이였다.

그런데 대학 1학년 때 아빠를 첫 미팅에서 만나 5년 연애하는 동안 언제나 들은 소리는 '얼굴이 뽀얗고 오동통해서 귀엽다' '자그마하니 이쁘다' '안경 써서 지적으로 보인다' '책을 많이 읽어서 지혜롭다' 등 좋은 말들이었다. 사랑을 하면 예뻐 보인다니 사랑의 힘이었겠지.

어쨋든 그런 자존감 높여주는 말들을 들으며 엄마는 점점 책을 좋아하는 지적인 사람으로, 자그만하고 귀여운 활동적인 사람으로 변해갔다. 그렇게 엄마로서, 아내로서 교육자로서 자존감을 지키며 품위를 잃지 않고 살았다고 자부한다.

지적질이나 훈계는 사람을 굴복시킬 수는 있어도 변화시킬 수는 없단다. 사람의 장점과 약점은 동전의 양면과 같다. 그러니 이왕이면 동전의 좋은 쪽을 보거라. 그것은 네 아내를 위해서가 아니라 너를 위해서다.

좋은 남편은 좋은 아내를 만들고, 좋은 아내는 좋은 남편을 가지고 있다는 말은 진리다.

잘
들어 주어라

 네 아내에게 마음을 담아 말하고, 정성을 다해 들어주어라. 잘 듣기만 해도 말하기는 끝났다. 잘 듣는다는 것은 아무 말 않고 듣기만 하라는 것이 아니라, 그 말의 의미를 이해하고 그에 맞게 반응하거나 행동하는 것이다. 소위 액티브 리스닝(Active-Listening)이다.

 만약 아내가 집안일을 같이 해야 하는 문제로 이야기할 때 잘 들어준다는 것은 아무 말 없이 듣고만 있는 것이 아니라, 잘 듣고 아내가 원하는 것을 웬만하면 즉시 행동에 옮기는 것이다. 문해력 떨어지는 지진아처럼 듣고도 딴짓하지 말거라. 아내의 말을 잘 들었으면 즉시 행동해야 한다. 그래야 잘 듣는 것이다.

언어는 하나님이 인간에게 주신 최고의 선물이다. 선물을 선물답게 쓰지 못하는 사람들도 있지만 사람은 언어가 있음으로 해서 인간다워지고, 인간의 존엄성을 확인하게 된다. 물론 여러 원인으로 인한 농아도 있지만, 그들도 소리를 내지 않을 뿐이지 다양한 의사 전달 수단을 통해 언어생활을 하고 있다. 그러니 인간을 인간답게 하는 언어를 귀하게 여기거라.

연구에 의하면 여자가 하루 평균 말하는 단어는 일반적으로 25,000개 남자는 10,000개라고 한다. 아내의 말을 많이 하는 것을 잔소리로 듣지 말고 생리적 차이로 여기고 인정하거라.

네 아내가 너에게 말을 거는 것을, 하루에 일어난 일들을 조잘대며 말하는 것을, 소소한 잔소리로 관심을 보이는 것을 귀하게 여기고 잘 들어주어라.

40년 동안 변함없이 엄마아빠의 하루 일과 마무리는 하루 동안 있었던 일을 서로 이야기하는 것이다. 점심을 무엇을 먹었는지, 오늘 누구를 만났는지, 내일은 무엇을 할 것인지 시시콜콜 이야기한다. 중요한 결정이 필요하면 전화를 걸어서라도 의견을 묻는다. 엄마는 아빠의 일상을 대부분 알고 있고, 아빠는 엄마의 생활을 거의 알고 있다. 물론 엄마가 더 말이 많지만, 아빠는 한 번도 엄마 말을 자른 적이 없다. 마치 재미난 소설 읽듯이 다음 이야기를 궁금해하며 들어 주었다. 그것이 우리가 지금도 애인처럼 살 수 있는 핵심 비결일 것이다.

세상의 남편 중에는 그런 소소한 일들을 가지고 싶지만 갖지 못하는 사람도 있단다. 감사하며 아내의 말을 경청하거라. 경청이야말로 네 가정의 행복의 열쇠다.

나중 아이가 태어나면 더욱 그러하다. 엄마아빠가 너희들을 키우면서 후회도 많지만, 너희들의 이야기에 귀 기울이고 그것을 들어주기 위해 노력했다는 것은 인정해 주길 바란다. 물론 너의 혹독한 사춘기에는 부족함이 많았지만 말이다. 그래도 너희들의 언어와 엄마아빠의 언어가 서로 만나 우리 가족의 행복의 언어가 되었다는 것은 엄마의 자부심이다,
행복한 가정을 가꾸고 자녀를 키우는 단 하나의 열쇠는 귀

기울여 잘 들어주는 것이다. 그러니 행복한 아내, 사랑스런 아내를 곁에 두고 싶거든 잘 들어주거라. 그러면서 네 아내의 언어와 네 언어가 너희 가정의 행복한 언어가 되어 갈 것이다.

3장

남편의 품격

철학하며
살거라

'질문이 인류의 역사를 바꾸었다'는 말이 있다. 엄마는 철학자가 아니라 깊이 알지 못하지만, 철학(philosophy)의 어원은 지혜(sophos)를 사랑(philos)하는 것이라고 한다. 세상의 가치로운 것들에 대해 질문하고, 탐구하고, 실천하려는 사랑의 마음이 철학이다.

엄마는 네가 철학을 너무 거창하게 생각하지 않았으면 좋겠구나. 네가 사랑하는 가정의 행복을 위해 세상과 사람, 사회와 역사에 관심을 가지고 올바른 일들을 실천하며 사는 것이 철학하는 것이다. 네 인생과 가정과 삶에 관해 가치 있는 질문을 통해 지혜롭게 살아가기 위해 철학해야 한다.

돌아보니 엄마가 삶의 어려운 고비마다 흔들리지 않고 여기까지 걸어온 힘은 인간은 존엄하다는 확고한 믿음, 행복과 성공에 대한 깊은 성찰, 정의로움에 대한 끊임없는 고민과 실행, 공정함에 대한 합리적인 적용, 미래에 대한 통찰과 같은 철학하려는 자세였을 것이다. 어떤 결정을 하든 깊이 생각하고 옳은 결정을 하려 노력했기 때문이라고 자부한다.

무엇보다 사랑하는 사람들에게 부끄럽지 않아야 한다는 그 마음이 엄마를 움직이는 힘이었다고 생각한다. 그러니 철학이야말로 너의 좋은 삶을 위해 꼭 필요한 공부다.

인간 삶의 가장 중요한 철학적 화두는 행복이다. 돈이든, 명예든, 성공이든 그 기반에는 나름대로의 행복의 기준이 있다.

엄마는 네가 행복했으면 좋겠구나. 그 행복은 타인을 누르고 얻는 부정의한 행복이 아니라, 다른 사람의 것을 뺏어 누리는 부당한 행복이 아니라, 다른 사람과 함께 성장하며 존엄한 인간의 가치를 실현하는 정의에 기반한 것이기를 진심으로 바란단다.

'한 사회의 도덕성을 판단하는 진정한 척도는 그 사회가 빈곤층과 소외층, 피의자와 재소자, 사형수를 대하는 방식에 있다'고 한 브라이언 스티븐슨의 말처럼 타인의 고통에 공감할 수 있는 능력, 네가 속한 사회에 일어나는 일에 대한 관심, 부조리함에 맞서려는 열정과 책임 그리고 지혜를 사랑하는 마음으로 너의 삶을 움직이면 좋겠구나.

그러니 쉬지 말고 정의, 행복, 존엄, 성공, 가치, 인간에 대해 탐구하고 고민하거라. 거기서 얻어진 지혜를 사랑하여라. 무엇을 하든 궁극에는 네가 살아온 삶이 세상에 조금의 이로움을 남기기 위해 노력해야 한다. 그러기 위해서 책도 읽고 좋은 사람들과 대화도 나누어라. 네 아내와는 매일매일 좋은 미래를 꿈꾸며 대화하거라.

그런 철학에 기반에서 나온 네 인생의 비전이야말로 네 아내와 너의 가정을 위대하게 만들어줄 것이다.

마음 그릇을 키워라

 결혼했다는 것은 법적으로든, 실질적으로든 어른이 되었다는 것이다. 이제 결혼했으니 어른으로서 스스로 결정하고 행동할 자유도 생겼다. 그러니 속 좁게 굴지 말고 어른답게 행동하거라.

 엄마의 어른의 개념은 '좀 더 어려운 일을 하려 하고, 좀 더 힘든 일을 하려 하고, 돈도 더 쓰고, 더 많이 이해 하려는 사람'이다. 나이만 들었다고 다 어른이 되는 것도 아니고, 결혼했다고 다 어른이 되는 것은 아니다. 그러니 좋은 어른으로 살려 노력하거라. 엄마아빠의 가장 큰 소망이다.

엄마아빠도 이제 늙어 너의 뒤를 봐줄 능력이 없다. 어려서는 이끌어주고, 잔소리도 하고, 가르치기도 했지만 이제 믿을 것은 오로지 너 자신이다. 그러니 핑계 대지 말고, 남 탓도 하지 말고, 게으름도 피지 말고 좋은 어른으로 살기 위해 노력하거라.

 좋은 어른으로 살기 위해서는 능력도 키우고, 여유도 키워야 하지만 무엇보다 마음 그릇을 키워야 한다. 행복한 결혼생활을 위해서 네 마음에 네 아내가 편히 앉을 공간을 만들어야 한다. 너만 차지했던 좁은 마음에 네 아내도 아이들도 넣어두려면 넉넉한 마음부터 키우거라.

 엄마가 살아보니 노력하는 데 결과가 없는 것은 없다. 다만 시간의 문제일 뿐이다. 금방 결과가 나타나는 것도 있지만 아빠가 골프 연습하며 농담반 진담반 말하듯 3년이 지나야 나타나는 것들도 있다. 때로는 그보다 더 걸릴 수 있다. 그러니 네가 노력한다고 당장 네 마음이 바다처럼 넓어지지는 않을 것이다. 엄마아빠도 이 나이가 되도 속좁게 삐지고, 쫄보처럼 굴기도 하니 말이다.

그러나 나이가 들어보니 젊은 날보다 더 넉넉하고 따뜻한 품으로 세상을 보게 된 것만은 확실하다. 어제보다 더 나은 오늘이 있다는 것은 삶의 가장 큰 희망이란다.

마음 그릇은 유형의 것이 아니니 당장 드러나지 않을지도 모른다. 그러나 시간이 지날수록 더욱 빛을 발하는 것이 마음 그릇의 크기다. 그러니 네가 엄마아빠 나이가 되었을 때를 생각하며 노력하거라. 미래의 너를 위한 가장 중요한 오늘의 투자가 마음 그릇을 키우고 단단하게 하는 것이란다.

나이가 들어가면 능력은 당연한 것이지만, 마음 그릇이 그 사람의 사회적 지위와 행복을 결정하기도 한단다. 돈과 명예가 충분한 데도 마음 그릇이 작아 행복한 결혼생활을 하지 못하는 사람도 있고, 사회적 성공에서 밀리는 사람들을 많이 보았다.

맹자님 말씀에 이런 말이 있다.
"사람을 사랑하되 그가 나를 사랑하지 않으면, 나의 사랑에 부족함이 없는가를 살펴라. ....행하여 얻음이 없으면 나 자신을 반성하라. 내가 올바를진대 천하는 모두 내게로 온다."

모든 시작과 끝, 행복과 불행은 네 마음 그릇에서 나온다는 것을 깊이 새기고 명상을 하든, 기도를 하든, 책을 읽든, 일기를 쓰든, 좋은 대화를 하든 너의 마음을 크고 단단하게 키우기 위한 방법을 찾아 노력하거라.

다정하고
친절하거라

 엄마가 젊은이들에게 어떤 사람과 결혼해야 하는지 딱 한마디만 충고하라고 하면 '다정한 사람과 결혼하라'고 하고 싶다. 거기다 친절하면 금상첨화겠지. 돈은 있다가도 없고, 사회적 지위도 퇴직하면 다 헛것이다. 박사도, 좋은 대학도, 인물도 60살이 넘으면 다 소용없다. 그러나 다정하고 친절한 관계는 평생 간다.

 특히 네가 아내에게 하는 친절한 말투, 다정한 행동은 너의 품격을 올리기도 하지만, 네 아내의 삶을 빛나게 한단다.

 밖에 나가면 특히 더 그래야 한다. 사람은 누구나 약간의 과시욕이 있듯이 결혼하면 내가 사랑받고 존중받고 있다는 것을 보여주고 싶어 한다. 안에서는 남편의 시중도 기꺼이 들어주고, 욱하는 성질도 받아주지만, 나가서는 남편이 나를 존중하고 황후처럼 대우해 주기를 원한단다.

신혼 시절 부부 동반 모임이나 여행을 가면 오는 길에 싸우거나 잔뜩 뿌루퉁해 온 적이 꽤 있었다. 평소에 아무리 잘해도 다른 사람들 앞에서 친절하고 다정한 배우자와 있기를 바라는 것은 남녀가 모두 같다. 그래서 팔짱을 왜 안꼈냐는 둥, 왜 나는 챙기지도 않고 혼자만 먹었냐는 둥, 친구들 앞에서 내가 말하는 것을 왜 자르느냐는 둥 별것도 아닌 일로 싸우고 다시는 부부 동반 안 간다고 다짐한 적도 있었다.

여행이라도 가면 무거운 것도 들어주고, 문도 열어주고, 어깨도 감싸주며 다정하고 친절하게 굴어라. 남자들은 언제 으쓱해지는지 모르겠지만 여자들은 그런 때 으쓱해진다.
아내의 얼굴이 안좋으면 다정하고 따뜻하게 걱정해 주어라.
다정한 말은 아픔도 낫게 해준단다.

'바쁠 때 전화해도 내 목소리 반갑냐?'는 옛날 노래 가사가 있다. 전화 할 때 반갑고 다정하게 받아주거라. 직장이든 가정이든 평생을 두 몫 세 몫 하며 바쁘게 살았던 엄마아빠지만 다정하게 전화 받는 것은 철칙이다. 전화는 소리로만 따스함을 전할 수 있기 때문이다.

 말투를 다정하게 하거라. 끝을 내리며 천천히 말하면 좀더 다정하게 들린단다. 원래 퉁명스런 말투라면 반드시 고쳐야 한다. 아내가 왜 그렇게 퉁명스럽게 말하냐고 하면 언제 그랬냐고 우기지 말고 녹음이라도 해보며 고치려고 노력해라. 부부간의 상처는 대부분 퉁명스런 말투나 꼬집는 말때문인 경우가 많다.

 너의 다정함과 친절함은 네 아내의 자존감을 높여주고 사랑의 확신을 가지게 한단다. 부디 아내에게 친절하고 다정하거라.

<u>믿음</u>을
주어라

   서울역 앞에 가면 '불신지옥'이라는 팻말을 목에 걸고 다니는 사람들이 있다. 그 사람들은 하나님을 믿지 않으면 삶이 지옥이라는 뜻이지만, 결혼 생활에 있어서도 불신은 지옥이다. 의심조차도 안 된다. 의심은 결혼 지옥으로 들어가는 문이다.

   혹 네가 용서하지 못할 일이 생기면 그때 그에 합당하게 처리하면 된다. 미리 걱정하고 못 믿으면 습관이 되니 한없는 신뢰를 주고 믿으며 살거라. 네 아내도 물론이지만 네 아이들에게도 그렇게 하거라. 성경 말씀처럼 믿는 대로 된다. 믿음의 부족은 너의 삶도 비굴하게 만든단다.

의심이 심해지면 병이 된다. 의처증도 병이다.

네가 어렸을때 엄마가 네 행동을 못미더워 잔소리하는 것을 제일 싫어했었다. 엄마는 지금도 그것이 가장 미안하고 아프단다. 너 자체에 대한 기본적인 믿음은 있었지만, 못미더워하는 소소한 일들로 너를 힘들게 했을 것이다.

사람은 믿는 만큼 성장하고 보답하는 법이다. 물론 믿지 못할 행동이 반복적으로 계속된다면 어찌할 수 없겠지만, 그렇지 않다면 네 아내의 모든 것에 믿음을 가져라. 그리고 기다려 주거라.

아이를 키우듯 결혼의 행복도 키우는 것이다. 믿음으로 성장한 아이들이 노년의 삶을 빛내주듯, 결혼도 믿음으로 성장하여 네 인생의 가장 큰 기쁨이 될 것이다. 경제활동, 직장생활, 결정, 판단, 다른 사람과의 관계 등 무엇이든 네 아내를 믿고 기다려 주거라. 연애 때의 그 마음으로 아내를 믿고 지지하고 사랑해 주어라.

사실 믿음은 존중에서 나온단다.

네 아내를 존중하면 믿음이 생기기 마련이다. 결혼은 서로를 존중하는 마음을 키우는 과정이다. 그래서 결국은 존경의 마음을 가지게 되는 것이다.

진정한 성공은 나이가 들수록 가족의 존경을 받는 일이라고 했다. 너도 네 아내도 존경받는 노인으로 늙어가기 위해서는 서로를 믿고 신뢰하는 법을 배워야 한다. 엄마아빠는 네가 존경받는 남편, 아빠로서 궁극에는 존경받는 한 사람으로 살기를 진심으로 바란단다.

매 순간
감사를 선택하거라

　감사는 행운을 불러 모으는 가장 강력한 힘이다. 엄마가 살아보니 감사하며 살아온 사람의 노후는 행복하다. 너희들이 '감사병 걸렸다'고 진단한 엄마를 보면 된다. 누나 말처럼 엄마의 노후를 본 이상, 이제 엄마의 감사병은 아무도 반론을 제기할 수 없게 되었다. 네 아내가 우리집으로 들어오는 것으로 엄마의 감사하며 사는 삶은 정점을 찍었다.

　너희들은 물론 다정하고 책임감 강한 사위, 유쾌하고 배려심 많은 며느리까지 자식으로 맞이하니 이보다 더 감사할 일이 있겠니? 나이가 들면 자식이 삶의 발자국이 된단다.

　엄마는 가난한 장남에게 시집와서 단칸방에서 신혼생활

시작하면서, 시어머니 시동생 시누이 책임지며 매일 허덕거리며 살았어도 하루하루가 감사하지 않은 날이 없었다.

가난한 집 홀어머니 막내딸로 태어나 언감생심 고등학교라니? 대학이라니? 대학원에 박사라니? 6살에 아버지가 돌아가셔서 아버지 사랑에 목말라하며 살았는데, 우리 아이들은 이토록 다정하고 책임감 강한 아빠와 살 수 있다니 자다가도 감사가 절로 나왔다.

끼니 걱정하면서, 빚쟁이에게 다리미니, 라디오니 다 뺏기고 우시던 흐트러진 머리의 엄마를 아직도 생생하게 기억하는 데, 이렇게 좋은 집에서 행복한 저녁상을 대하는데 어찌 눈물나게 감사하지 않겠니?

비교할 것 없다. 감사와 행복은 내 것으로 들일 때만 내 것이다. 그러니 감사를 선택하거라.

너희들이 어려서는 엄마의 감사는 병이라고 짜증내기도 했다만, 엄마는 감사의 힘을 체험한 사람이다. 감사하며 살수록 감사할 일이 더 생기는 그야말로 놀라운 체험을 했다.

어째 불평이 없는 시간만 있었겠냐? 그러나 '불평은 조금,

감사는 많이, 투덜거림은 짧게, 즐거움은 길게' 그렇게 살아야 한다. 그래야 네 삶에 행운의 끌어당김이 생기고 점점 더 단단한 뿌리를 내리는 결혼생활이 된단다.

'긍정과 감사 그리고 성공과 행복'은 사실 한 쌍이다. 긍정적으로 생각하다 보면 절로 감사가 나오고 그 힘이 성공과 행복을 보장한다. 그러니 긍정과 감사를 생명처럼 소중하게 간직하거라.

측은지심과 역지사지를
새기거라

 '측은지심'과 '역지사지'는 엄마 인생의 가장 중요한 말이다. 엄마의 인격과 직업적 성공을 만들어준 말이기도 하지만, 무엇보다 행복한 가정을 지키며 노후를 맞이하게 한 든든한 삶의 철학이다.

 공자는 '측은지심이 없는 사람은 사람도 아니다'라고 했다. 또 맹자는 '역지사지는 사람이 평생 동안 지녀야 할 말이다'라고 했다.
 가정도 아내와 남편, 아이들이 함께하는 작은 사회다. 사람과 사람이 부딪히며 성장해 가는 조직이다. 그러니 이 조직을 이끌기 위해서는 이 두 말을 가슴에 새기고 금과옥조로 생각하는 가장이 되거라.

무엇보다 측은지심을 결코 잃지 말아라.

지쳐서 코골고 자는 아내가 측은해 보이면 그건 사랑이다. 그런 아내가 꼴 보기 싫고 부끄러우면 아직도 열정이 있는 거라고 농담한다만, 그것은 농담일 뿐이다. 결코 쉽지 않은 아내와 엄마, 며느리 게다가 직장인으로서 역할을 잘하고 싶어 애쓰는 아내를 측은해하고 고마워하거라.

살아보니 나이 들면 측은지심과 동지애로 산다. 벌써부터 그런 마음을 가져야 하느냐고 하겠지만, 측은지심은 네 아내에게 향하는 사랑의 통로다. 측은하면 그를 위해 더 많은 것을 해주고 싶고 더 많은 것을 해주기 위해 알고 싶어진다.

그러니 너 하나로 세상을 좁혀가며 살아가는 네 아내를 측은하게 생각하거라. 물론 너도 그렇겠지만 너를 측은하게 여기는 것은 네 아내의 몫이니 너는 오바하지 말아라.

'역지사지'는 세상 모든 일에 평생 가지고 가야 하는 논리다. 역지사지는 교만하지 않은 품 넓은 사람을 만든다. '내가 하기 싫은 일은 남에게도 시키지 말라'고 했다. 네가 퇴근해서 꼼짝하지 않고 누워 있고 싶으면, 네 아내도 그럴 것이니 아내의 마음을 헤아리거라.

아이들이 속을 썩이면 너 어린 시절을 떠올리거라. 너 청소년 시절 흘린 엄마의 눈물이 지금도 흐르고 있다는 것을 절대 잊으면 안 된다.

모든 세상사를 역지사지해 보면 이해 못 할 것이 하나도 없다. 그게 품 넓은 사람으로 사는 방법이다.

자신에게
너그러워라

 우리는 흔히 남에게는 너그럽고 자신에게 엄격한 사람을 좋은 어른이라고 한다. 그런데 엄마가 살아보니 자신에게 너그러워야 남에게도 너그러워지더구나. '내가 이렇게 쉬지도 않고 일하고 가정을 돌보는 데 너는 뭐야?'라고 따지기 시작하면 그때부터 관계는 균열이 생긴다.

 가끔 늦잠도 자고, 자신을 위해 시간과 돈을 쓰다 보면 아내에게도 아이들에게도 넉넉한 마음이 생길 것이다. 엄마아빠는 각자의 직장에서 하고 싶은 만큼 마음껏 일하며 살았다. '내가 이런 마음이면 그도 그런 마음이겠지' 하며 서로를 이해하려 애썼다. 나를 사랑하는 사람만이 남을 돌아보고 사랑할 여유가 있는 법이니 너를 아끼고 사랑하거라.

귀하고 귀한 내 아들아!

사람은 대체로 실수투성이다. 그러니 네 실수에도 인색하게 굴지 말거라. 자신의 실수에 너그러워야 다른 사람의 실수도 이해하게 되는 법이다. 중요한 것은 실수나 실패로부터 무엇을 배울까를 고민하면 된다. '실수와 실패는 언제나 새로운 성공의 출발점이 된다'는 것은 살아보면 알게 되는 고마운 지혜다.

너도 알다시피 아빠는 평생 우산 한번 잊어 버린 적이 없는 사람이다. 그런데 젊은 시절 엄마는 자주 자동차 열쇠를 차에다 두고 내리고, 지갑을 잃어버리고, 심지어 옷도 가방도 잃어버리고 오는 때가 많았다. 직장에서라고 왜 실수와 실패가 없었겠니? 그럴 때마다 아빠는 한 번도 비난하지 않고 똑같은 말을 했다.

"자기가 좀 바빠? 하는 일 많아서 그래." 마치 스스로에게 하듯 그렇게 넉넉하게 엄마를 위로했다. 엄마는 그런 격려와 너그러움 속에서 나를 키웠다.

 아빠가 그렇게 말해 준다고 엄마가 속상하지 않은 것은 아니었다. 여전히 자신이 한심해 보이고, 미안했지만, 그렇게 믿고 위로해 주는 남편이 있어 절망하거나 비굴해지지 않았단다.

 나의 약점을 고치기 위해 열쇠를 주머니에 넣어 둔다거나, 지갑 대신 주머니에 돈을 넣어간다거나, 앉아 있을 때 가방을 사정거리 안에 둔다거나, 결정에 신중을 기하려 노력하면서 천천히 고치며 살았다. 여전히 엄마의 덜렁거림은 너희들의 걱정거리가 되고 있지만 엄마의 자존감을 갉아먹거나 우울의 원인이 되지는 않는다.

 아빠는 꼼꼼하지만 여유를 즐기는 사람이다. 그러니 너도 여유를 가지고 상대를 이해하려고 해야 한다. 삶의 여유는 네 자존감을 높이고 너를 행복하게 만든단다.

 너는 가장이다. 가장이 자존감 높고 행복해야 가족 모두가 행복하단다. 100퍼센트 완벽한 인생도 없고, 사람도 없다. 그러니 너에게도 힘을 빼고, 네 아내에게도, 아이들에게도 힘을 빼거라.

아내가 실수하거든 '나도 그랬는데, 여러 역할하는 아내는 오죽할까?' 생각하거라. 너의 품 넓은 이해와 격려는 어떤 실패나 실수에도 좌절하지 않는 힘이 될 것이다.

혼자서도 잘 해라

혼자서도 잘 놀고 즐길 줄 아는 사람은 여럿이 있는 자리에서도 분위기를 잘 띄운다. 혼자라고 우울하게 지내지 말고 혼자서도 독립적으로 밥도 해 먹고, 집안일도 하고, 간식도 챙겨 먹고, 물도 떠다 먹고, 옷도 잘 챙겨 입고, 아프면 알아서 병원도 가거라. 양말도 벗었으면 빨래통에 잘 넣어라. 아내가 늦으면 잽싸게 밥도 하고, 반찬도 만들어라. 결혼했다고 갑자기 아내 바라기가 되어 아이처럼 살려고 마음 먹지 말거라.

물론 남편이 지나치게 독립적이면 처음에는 아내가 서운해할 수도 있지만, 의지하는 것이 버릇이 되면 아내를 지치게 한다. 배우자와 좋은 파트너로서 함께 하는 것과 의존적으로 사는 것은 전혀 다르다.

네 아내도 마찬가지다. 남편에게 의지하려 징징거리면 정중히 설명해 주어라. 독립된 개인으로 잘 성장하는 부부가 어려울 때 서로 의지하며 행복하게 오래가는 법이다.

혼자만의 시간을 의미 있게 잘 보내는 사람은 다른 사람의 시간도 의미 있게 보호해 준다. 요리든 청소든 집안일들은 호기심을 가지고 즐길만한 가치가 있는 일이다. 네 아내의 시간을 보호하기 위해서라도 혼자서도 잘해라.

언젠가 이혼 관련 드라마를 보다 보니 남편이 평생 식탁에서 '물좀 줘!' 하는 그 말에 지쳐 이혼을 결정하는 것을 보았다. 처음에는 사랑이라는 이름으로 해주던 일이 점점 귀찮은 일이 되고, 그것으로 인해 자신이 종처럼 혹은 보호자처럼 느껴져 벗어나고 싶어질 수 있다.

그러니 독립심을 길러라. 그리고 네 아내는 정말 중요한 순간에 동반자로서 귀하게 대하거라. 자잘한 일들로 아내에게 의지하려 들지 말고 네 일은 네가 알아서 처리하거라.

그래도 옷을 입는데 아내가 조언해 준다면 잘 따르거라. 혹 마음에 들지 않더라도 아내의 센스는 점점 길러지는 것이니 좀 다르더라도 잘 따르거라. 그러나 매일 아침 양말 어디 있냐고, 열쇠 어디 있냐고, 밥 차려달라고 보채지 말거라. 의지할 수 없는 사람처럼 느껴져 막막해진다.

자신의 일상이 독립적인 사람은 호기심이 많고 활동적이라는 의미다. 엄마도 결혼 시작부터 40여 년을 직장생활한 사람이라 아빠 양말, 속옷, 수건 등을 챙겨주는 요조숙녀형 아내는 아니었다. 기본적인 것은 아빠가 알아서 챙겼다. 과일도 먹고 싶으면 가져다 먹으면서 엄마를 먹인다. 요리는 잘 못하는 아빠지만 엄마가 장기 출장을 가도 알아서 사 먹기도 하고, 친구 만나 식사를 해결한다. 엄마도 마찬가지다. 출장 다녀와도 부득이한 경우가 아니면 택시 타고 집에 온다. 아빠가 굳이 오겠다면 고맙지만 그렇지 않아도 무관하다. 그러니 우리가 각자의 위치에서 최선을 다하며 퇴직했는지도 모를 일이다.

독립적으로 살아라. 그게 아내에게 사랑받는 길이다.

건강을
소중하게 지켜라

건강은 남편으로서, 가장으로서 가장 중요한 덕목이다. 결혼했다면 너를 위해서만이 아니라 가족을 위해서 육체적, 정신적 건강을 지키기 위해 최선을 다해야 한다. 결혼 전처럼 아무렇게나 자고, 먹고, 마시고, 뒹굴고, 취하지 말거라. 건강하지 않은 것들을 탐하며 어두운 곳을 헤매지 말거라. 네 몸과 마음은 이제 사적 소유물이 아닌 네 가족의 공적 자산이 되었다.

담배도 끊어라. 술도 줄여라. 담배와 술은 반드시 보복한다. 나이 들면 피눈물 흘리며 후회한다. 운동도 매일 하거라. 좋은 식사를 하거라. 규칙적으로 자고 일어나야 한다. 좋은 생각으로 스트레스를 관리하거라.

　신체는 너의 영혼과 마음을 담고 있는 아름다운 그릇이다. 지금과 같은 건강하고 멋진 젊은 신체를 간직하는 시간도 그리 길지 않다. 젊음은 그 자체로 아름답다. 너도 나이 들어보면 알게 된다.

　건강한 몸은 젊은 날처럼 눈에 좋아 보이는 인위적 몸만들기가 아닌 건강한 몸으로 멋지게 나이 들어 가는 것을 말한다. '우리도 느리게 나이 들 수 있습니다'라는 책도 있지만 느리게 나이 먹어야 한다. 그래야 네가 하고 싶은 일을 다 할 수 있다. 그래야 네 가정을 지킬 수 있다.

　신체적 건강은 너를 위해서도 필요하지만 네 아내를 위해서도 필요하다. 아파서 골골대며 병원 들락거리는 남편은 보기도 안쓰럽다. 제 몸도 못 추스르며 술이나 담배로 자신의 육체를 갉아먹는 남편은 보기에도 짜증난다. 이혼감이다.

　무엇보다 건강해야 네 아내를 사랑할 수 있다. 결혼했으니 건강한 성생활도 너의 의무다. 아내와 성적 기쁨을 나누는 것은 신이 인간에게 주신 고마운 선물이다. 그리고 법적으로 허락한 행복한 유희다. 아내를 외롭게 두지 않기 위해서라도 건강을 챙기거라. 그리고 부부로서 가질 수 있는 온갖 즐거움을 마음껏 누리거라.

평등한 삶을 위해 노력하거라

　인간은 누구나 존엄하다. 여자든 남자든, 나이가 어리든 많든, 지위가 높든 낮든, 돈이 많든 적든, 학력이 높든 낮든 인간 그 자체로 존중받아야 하고 평등할 권리를 가지고 있다. 그러니 평등은 인간의 당연한 권리며 의무이다.

　그럼에도 기계적인 평등을 경계하거라. 평등의 가장 낮은 단계는 기계적인 평등이다. 너 하나 나 하나 식의 기계적 평등 말이다. 사실 결혼생활 처음에는 이것도 필요하다. 그러나 부부가 살면서 집안일이고, 육아고, 처가, 시가 일을 무 자르듯 공평하게 할 수는 없다.

평등에는 결과의 평등과 과정의 평등이 있다. 키가 작은 엄마가 아빠와 같은 횟수로 높은 곳에 짐을 올릴 수는 없다. 어떤 일에 더 적합한 사람, 더 능력이 있는 사람이 그 분야를 하면 된다. 적합한 것이 하나도 없다는 것은 핑계다. 만약 그렇다면 자신의 무능을 탓하며 분발해서 잘하는 것을 만들도록 노력해야 한다. 그게 진정한 평등을 실현하는 길이다.

남편이 요리를 잘하면 아내는 설거지를 하면 된다. 남편이 초저녁잠이 많으면 새벽에 깨는 아이는 남편이 돌보면 된다.

진정한 평등의 시작은 존중이다. 인간으로서의 서로를 존중하고 인정하는 것이 평등의 시작이다. 그러니 일 한두 가지 더 하네 마네로 싸우지 말아라. 네 아내의 삶을, 노동을, 정신을, 가치를 존중하고 인정하는 법을 먼저 배우거라.

지금은 남녀 가사 분담의 과도기다. 아직도 가사 노동의 60%는 여자들이 해야 하는 일로 인식하고 있다는 통계가 있다. 결혼한 여자들이 가사 분담을 억울해하는 것도 아직은 당연하다. 게다가 지금은 엄마 시절처럼 대부분의 여자들이

전업주부로 사는 세상이 아니지 않니? 같이 일하고 같이 돈 벌며 퇴근했는데 그놈의 모성으로, 섬세함으로 여자가 더 많은 일을 해야 한다면 억울하지 않겠니? 그러니 가사 노동이 남녀가 50%가 될 때까지 네가 조금 더 참고 많이 일하거라. 평균 상승에 내 아들이 기여하면 좋겠구나.

직장이나 사회생활도 마찬가지다. 부처님이 오랜 깨달음에서 나온 첫마디가 '천상천하 유아독존'이다. 깊이 있는 해석은 잘 몰라도 '나보다 잘난 사람도, 못난 사람도 없다'는 불교의 인간관이라고 생각한다. 이 우주에는 오로지 나와 같이 존중받고 배려받고 평등한 권리를 누릴 사람만이 있다는 것은 변함없는 진리다. 그 누구든 희생을 강요할 권리는 없다.

가정이든 사회든 평등한 사회를 만들기 위해 노력하거라. 누군가의 희생을 밟고 이룬 성공은 허상이다. 함께 성공하기 위해 기꺼이 과정의 불평등을 줄여주거라.
내로남불 하지 말거라. 그렇게 하거라. 그래야 한다.

좋은 '사람책'을
곁에 두거라

'사람책'이라는 말이 있다. 한 사람의 인생이 곧 한 권의 책이라는 의미다. 특정한 경험과 지식을 책을 읽어서가 아니라, 그런 경험과 지식을 가진 사람과의 대화를 통해서도 얻어질 수 있다는 데서 나온 말이다. 멋지지 않니? 사람책!

어떤 사람책을 가까이 두고 있는가를 보면 그 사람의 수준을 알 수 있다. 마치 읽는 책을 보면 그 사람의 수준과 직업, 관심사 등을 알 수 있는 것과 같다.

엄마는 네 인생 서재에 좋은 사람책을 많이 꽂아 두고 살았으면 좋겠다. 저급하거나 해가 되는 책 말고 너를 키우고 너를 잡아주는 인생책 말이다. 네가 아는 모든 사람을 가까이 둘 필요는 없다. 별로인 책은 읽고 금방 없애 버리듯, 별로인 사람들을 인생 서재에 오래 꽂아 두려 하지 말거라. 너의 품격이 떨어질지 모른다.

사람을 잘 못 사귀거나, 잘 못 대해서 인생 나락으로 가는 사람이 너무나 많다. 유명한 정치인, 사업가뿐 아니라 평범한 사람들도 현혹하고 속삭이는 사람들로 인해 돌아올 수 없는 선택을 하곤 한다. 폭정을 하던 지도자들 곁에는 어김없이 그것을 부추기는 부류들이 있다.

좋은 사람들로 네 인생 서재를 채워서 네가 정서적 안정이 필요할 때, 삶의 구비마다 좋은 결정이 필요할 때, 미래를 보는 통찰이 필요할 때, 너를 발전시키기 위한 유용한 정보가 필요할 때 그 책들을 꺼내 활용하거라.

네가 도와주거나, 동정해야 할 사람과 네가 가까이해야 할 사람을 구별하거라. 너의 도움만을 요구하는 사람들을 인생 서재에 꽂아 두고 우왕좌왕하지 말거라. 너의 오랜 친구라 해도 부정적인 사고로 너를 옭아매는 사람들을 붙들고 서성이지 말거라. 누구든 좋은 사람책이 아니라고 생각이 들거든 과감히 헤어질 결심을 해야 한다.

사실 좋은 사람을 곁에 두기 위해서는 종이책이든 전자책이든 많이 잘 읽고 통찰력을 쌓는 것이 우선이다. 좋은 사람을 보는 눈은 결국 너의 노력으로 만들어지는 것이기 때문이다.

그러니 독서와 공부를 게을리하지 말거라. 무엇보다 너 스스로 '좋은 사람책'이 되도록 능력과 인품을 갖추도록 노력하거라.

매일 119 하며
책을 읽거라

　엄마 동료들은 119를 '1차에서 1가지 술로 9시까지 마시는 것'이라고 하더구나. 건전한 회식문화를 위한 구호라고도 한다더라.

　그런데 엄마는 오래전부터 '1.1.9 하라!'를 삶을 성공으로 이끄는 구호로 정하고, 잘 실천하려 노력하며 살아왔다. 그리고 그 덕으로 행복한 노후를 맞이하고 있다.

　하루에 1페이지 이상 책 읽고

　　　　1가지 이상 착한 일 하고

　　　　9번 이상 소리 내서 웃어라.

꼭 해야 할 일을 기억하기 쉬운 구호로 정해놓으면 좀 더 실천력이 생긴다. 퇴직 전에는 '1.1.9 하라' '컴퓨터 켜기 전 10분 책 읽기'라는 2개의 구호를 사무실 컴퓨터 상단에 붙여 놓고 지키려 노력했다.

'책 읽기, 착한 일 하기, 큰 소리로 웃기' 모두 엄마의 삶을 이끌어준 중요한 행동 지침이지만, 책 읽기에 대해 좀더 말하고 싶구나. 보잘 것 없는 배경을 가진 엄마를 성공한 커리어 우먼으로 살게 한 중요한 자산이 책이기 때문이다. 무엇보다 결코 쉽지 않은 결혼생활을 긍정으로 채운 근원이 독서이기 때문이다. 너희들 어려서 '독서 편지'를 쓰며 책 읽기를 권하던 생각이 나는구나.

미국의 '클레멘트 코스'라는 것이 있다. 빈민이나 노숙자에게 인문학 책을 읽고 배우게 함으로써 삶을 바꾸는 재생의 길을 가게 한 유명한 프로젝트다. 한국에도 책을 몇천 권 읽어서 사업가로도, 작가로도 유명해진 개그맨도 있고, 전 직원에게 독서를 권장하는 독서경영을 통해 미용계의 신화를 쓴 사람도 있다. 좋은 책을 읽어 삶을 바꾼 사례는 수도 없이 많다.

세상이 많이 변해 무수한 매체들이 책 읽기가 주는 여러 기능들을 대신한다. 모두 유용하고 적절하다. 그럼에도 엄마는 너에게 책을 가까이하고 꾸준히 읽기를 특별히 권한다. 특히 젊은 시절에는 책을 읽으면서 너에 대해 고민하고, 삶을 고양시키는 시간을 반드시 가졌으면 좋겠구나. 책 읽기가 엄청나게 재미난 일은 아니니, 시간을 정해 숙제하듯 하는 것도 방법이다. 아침에 일어나서 혹은 출근해서 일을 시작하기 전에, 전철 안에서, 잠들기 전 언제라도 좋으니 꾸준하게 지속될 수 있는 시간을 정해 읽거라.

　어떻게든 하루에 10페이지 이상은 읽을 결심을 하거라. 책 읽는 것만으로 성공을 보장하지는 않지만, 책 읽기를 통해 너의 세계를 확장하고 궁극에는 네가 인생의 주인공으로 살아갈 길을 찾게 될 것이다. 그리고 네 가정에 따스함을 선물할 것이다.

　처음에는 그냥 읽어라. 읽는 것을 밥 먹듯 습관으로 만들어라. 그러다 보면 너 스스로 생각의 길도 발견하고, 인생의 해답도 찾게 될 것이다.

　엄마의 경험으로 볼 때 너의 삶은 네가 읽고 고민한 책의 발자국을 따라간단다.

4장

가장의 무게

**책임감이 너를
어른으로 만든다**

　모든 권리에 책임이 따르듯 선택에는 그에 따른 책임이 있다. 죽기보다 싫은데 코 꿰서 한 결혼이 아니라면 무조건 책임져야 한다. 너에게 아내를 선택할 권리가 있었다면, 거기에는 반드시 책임도 따르는 법이다.

　책임이 없는 권리는 허상이거나 폭력이다. 때로는 제대로 알지 못해서 잘못 선택한 경우도 있겠지만, 네가 스스로 선택한 것이니 그 책임도 네 몫이다. 조금 힘들어도 현명한 너를 믿고 잘 버티거라. 네가 말했듯 세상에서 가장 훌륭한 스승인 시간이 너에게 길을 알려줄 것이다.

　권리는 누리고 책임을 지지 않는 남자를 보통 '양아치' 혹은 '홈 빌런'이라고 한다더라. 한 마디로 '나쁜 놈'이다. 엄마아빠가 눈물 뿌리며 애지중지 키운 양육비 퉁칠테니 '나쁜 놈' 말고 '좋은 사람'으로 살아야 한다. 내 사랑하는 아들아!

'결혼해야 어른이 된다'는 말이 있다. 여러 가지 이유가 있겠지만 가장 큰 이유는 스스로 책임지며 사는 법을 배워가기 때문일 것이다. 그 책임감으로 너의 아내도, 너의 아이들도, 가정도 지킬 수 있다.

'너무 힘들다, 아직 준비가 안 됐다, 이럴 줄 몰랐다, 해 봐야 소용 없다'고 투덜대지 말고, 치사하게 떠넘기지도 말고 온몸으로 책임지려 노력하거라.

능력이 조금 부족해서, 아직 어리고 미숙해서, 잘 몰라서 책임을 다하지 못한다 해도, 최선을 다해 노력한 사람에게 돌을 던지지는 않는다. 그러니 처음이라고 겁먹지 말고, 절대 도망가거나 숨지도 말고 이 결혼에 끝까지 책임을 다하거라. 그게 네가 진짜 어른이 되는 길이다.

엄마아빠인들 살아가면서 고단한 하루 끝에 떨구는 눈물이 왜 없었겠느냐? 어디로 가는지도 모르는 넓은 세상에 혼자인 것처럼 외로운 시간이 왜 없었겠느냐? 잠시 멈출 시간도 없이 정신없이 뛰어도 아무도 내 마음을 보려 하지 않는 것처럼 느껴지는 그런 사무친 절망이 왜 없었겠느냐?

무거운 책임으로 왜 결혼이 힘들지 않았겠느냐? 도망치고 싶은 날이 왜 없었겠느냐? 그래도 책임을 다하려 노력한 세월들이 너희를 키웠고, 나를 지켰다.('어른' 가사 일부 인용)

너희는 결혼식을 통해 바쁜 사람들을 증인으로 불러 서로에게 책임을 다하는 부부가 되어 '행복한 가정'을 가꾸겠다고 약속하고 그것을 알렸다. 피같은 시간과 돈을 들여 너희들의 출발을 지켜본 사람들을 위해서라도 결혼을 쉽게 여기지 말거라.

엄마가 살아보니 행복한 결혼을 유지하는 가장 강력한 동인은 사랑보다 책임감이다. 사랑은 수시로 움직이는 감정이지만 책임감은 현실을 단단히 붙잡고 있는 이성이기 때문이다. 남편으로서, 아버지로서, 가장으로서의 책임있는 행동이 네 가정을 지키고, 네 세월을 존경으로 채운다.

돈을 열심히 버는 것도 생계를 책임지는 방법이고, 집안일을 함께 하는 것도 평화를 책임지는 것이고, 아이를 낳아 육아를 함께 하는 것도 가정을 책임지는 것이다.

그러니 뒷짐지고 구경이나 하려 들지 말고 팔 걷고 뛰어들어라. 존경받는 훌륭한 리더가 온몸으로 부하를 지키듯, 네 가정을, 네 아내를, 네 아이를 온몸으로 감싸 지키거라. 삶을 바꾸는 유일한 방법은 네 선택에 책임 있는 행동을 하는 것이다.

책임감을 뜻하는 영어 단어는 responsibility다. 말 그대로 반응하는(response) 능력(ability)이라고 한다. 가정 경제에, 아내의 노동에, 아이들의 요구에, 너의 행복에 제대로 반응하며 행동하여 네 책임을 다하거라. 말로만 책임진다고 떠들지 말고 행동으로 보여주란 말이다.

바뀌어야
산다

 결혼은 인생의 중요한 변화다. 그러니 이제부터는 과거의 나도 소중하지만 새로운 나를 만들 마음을 단단히 먹어야 할 거다. 결혼해서 아내에다 자식까지 생기면 전과는 다르게 너의 영향력의 범위는 넓어진다. 아내는 너를 통해 세상을 받아들이게 될 것이고, 특히 자식은 너를 통해 세상을 알아가게 된단다.

 아주 옛날, 변화가 있기나 했을지 의구심마저 들게 하는 시대의 공자님조차도 이런 말을 했다.
 "늘 행복하고 지혜로운 사람이 되려면 자주 변해야 한다."
 '혼자 살 때는~, 우리 엄마는~, 우리 아빠는~, 옛날에는~, 결혼만 안 했어도~' 따위의 영양가 없는 말은 이제 집어치워라.

어차피 이제 너는 과거의 네가 아니다. 네 가족관계증명서를 보면 법적으로도 너는 '배우자'가 있는 사람으로 등재되어 있다. 또 결혼식이라는 형식적 절차를 통해 한 여자와 일생을 같이 하기로 약속했고, 그 여자의 행복을 책임져 주기로 서약했고, 행복한 가정을 꾸려 잘 살아내야 할 가장이 되었다. 가장이라는 말이 너에게는 거부감도 있겠지만, 엄마는 네가 가장으로서의 자리를 잊지 않기를 진심으로 바란다.

가장이란 '한 가정을 이끌어 가는 사람'이다. 물론 네 아내도 가장으로서의 책임을 가지겠지만, 그래도 네가 더 책임을 가지고 더 많은 힘을 들여 너의 가정을 행복하고 좋은 곳으로 이끌어 가면 좋겠구나. 봉건 사회의 가부장 제도에서 유래한 '가부장적'이라는 말 때문에 '가장'이라는 말이 평등을 저해하는 부정적인 말로 받아들여질 수도 있을 것이다. 그러나 어느 조직이든 장(長) 혹은 리더(leader)가 없는 곳은 없단다. 너의 집 가장이 둘이든 하나든 여전히 너는 가장이다.

특히 아이가 생기면 더 그렇다. 그러니 새로운 환경에 빠르게 적응하고 변화하거라. 결혼하여 같은 꿈을 꾸며 살게 된 이상 긍정적인 면을 생각하고 혹 어려움이 있다면 대화를 통해 성장의 방향으로 이끌 연구를 하거라. 이제 완전히 새로워진 세상에 제대로 적응해서 우등생이 되어야 한다. 너 학교 다닐 때 하듯 대충 졸업하려 하면 절대 안 된다.

그때는 '행복은 성적순이 아니라'고 주장하며 공부를 게을리 했더라도, 이제 행복은 절대적으로 너의 노력에 달렸다. 그러니 게으름 피지 말고 변화하고 적응해서 행복의 길로 가거라.

엄마가 40년이 넘게 살아보니 결혼은 불편함도 있지만, 좋은 점이 더 많더구나. 그러니 불편함에 집착하여 변화하지 않으면 결혼이 주는 행복과 편리함, 긍정적인 혜택을 놓칠 가능성이 크단다. 종국에는 네 삶이 송두리째 불행해지고 불편해질 수도 있다.

그러니 결혼이 주는 좋은 변화든 나쁜 변화든 빠르게 받아들이고 변화하거라. 변화된 상황에 맞추어 변하지 못하면 최소 그 자리가 아니라 뒷걸음치는 것이다. 퇴행하다 결국은 무너져 내린다. 그러니 오늘부터 당장 변하거라.

열심히 일하고
돈 벌어라

  돈이 많다고 행복한 것은 아니다. 다행히 돈이 행복을 좌지우지 하지도 않는다. 그러나 살아보니 돈은 필요할 때 쓸 수 있는 만큼은 있어야 한다. 그러니 돈을 버는데 게으름 피지 말거라. 핑계도 대지 말거라. 일확천금 바라지 말고 건강한 돈 벌어라. 열심히 건강한 돈을 벌고 모으는 것은 행복한 노후를 위해 꼭 필요한 일이다.

  젊은 날은 몰입하고 열심히 살기에 좋은 나이다. 요즘은 과거보다 10년은 늦게 독립한다 했으니 대체로 30-40이 되어야 결혼하는 추세다. 독립도 결혼도 10여년씩 늦게 하면서 부모 세대와 같은 시기에 놀고 쉬려 들면 안 된다. 재수 없으면 140

세도 살게 될지 모른다니 경제활동에 지혜롭게 전념하거라.

혼자 잘난척하고 멋대로 사표내고, 기분대로 일 때려치우고, 남의 말만 듣고 투자하지 말아라. 주식에 올인하고 코인으로 밤새지 말아라. 결혼했으면 부부는 경제공동체다. 이혼하지 않는 이상 가정 경제가 흔들리면 같이 굶고, 같이 쪼들려야 한다. 그러니 건강하게 돈을 벌 방법을 함께 이야기하거라. 건강하게 재산을 불리고 노후를 대비하는 것이 부부가 공유해야 할 중요한 목표 중 하나다.

나는 벌어다 주니 알아서 하겠지 하지도 말고, 딴 주머니 차고 멋대로 쓰지도 말거라. 부부가 되었으니 각자 생활비를 내든, 한 통장에 넣어두든 방식은 달라도 함께 돈을 모으고, 함께 아이들을 키우고, 함께 노후를 준비해야 한다. 틈이 나면 함께 경제 공부도 하고 노후 대비를 위한 경제 변화도 이야기하거라.

아이들에게 올인하려는 유혹이 생기면 현실적인 대화를 통해 건강한 소비와 저축을 공유해야 한다. 각자 몇억 대 연봉을 받든가, 부모로부터 몇백억 물려받은 부부가 아니라면 함께 머리 맞대서 돈을 벌고 모으지 않으면 노후를 장담할 수 없다. 그러니 열심히 벌고 열심히 모으거라.

다만 '돈, 돈, 돈' 하며 옹색하고 비굴하게 굴지는 말거라. 살아보니 돈은 자기를 쫓아다니는 사람을 좋아하지 않는 것 같더구나. 지가 맘 내켜야 따라오는 것이니 떼돈 벌거나, 한탕 하려는 생각은 애저녁에 버리고 성실하고, 현명하게 일해서 돈 벌어라.

아빠가 젊을 때 "50이 되면 돈 걱정하지 않게 해줄게."라고 말할 때 엄마의 감동은 돈이 아니라 아내를 위한 아빠의 결심이었다. 젊은 날 시어머니 모시고, 시누이 시동생 뒤치다꺼리에, 집 마련에, 너희들 키우는 일로 노상 돈 때문에 쩔쩔매던 엄마를 걱정하는 그 마음이 고마웠다.

그러니 열심히 일하고 열심히 돈 벌거라. 눈먼 돈 따라다니지 말고, 돈이 눈 부릅뜨고 네게로 달려오게 하거라. '저 사람이라면 돈이 가치있게 쓰일 수 있다'는 믿음을 돈에게 주어야 한다. 그래야 좋은 돈이 너를 따라온다.

인생의 목표를
공유하거라

 삶이든, 성공이든, 교육이든, 돈이든 네 아내와 목표를 공유하기 위해 공을 들여라. 목표를 공유하면 좋은 점은 힘들 때 기댈 든든한 언덕이 생긴다는 것이다. 또 대화가 풍부해지고, 네 아내의 마음을 단단하게 만들어서 목표를 향해 함께 걸어갈 동반자를 갖게 된단다. 함께한 건강한 인생의 목표는 너희 부부를 충만하게 할 것이다.

 아빠는 30대 초반 미국 유학을 마치고 빚을 안고 돌아왔다. 갈 때도 누구의 도움도 받지 않고 오히려 홀어머니의 생활비를 책임지며, 빌딩 청소든, 상점 점원이든 닥치는 대로 일하며 공부했으니 무슨 돈이 있었겠니?

돌아올 때는 비행기값을 빌려서 겨우 돌아왔다. 내 집 한 칸 없는 한국에 돌아와 보니 홀어머니와 동생을 뒷바라지해야 하는 장남의 자리가 기다리고 있었다.

천운으로 대학에 임용된 아빠는 교수로서 자리를 잡아야 하니 그렇지 않아도 목표지향적인데 미친 듯이 일에 몰입했다. 엄마도 교사를 했지만 6식구가 살면서, 집을 마련하기에는 충분치 않았다.

아빠는 주말이고, 밤이고, 대전이고, 제주고 오라는 곳은 어디든, 언제든 강의를 다녔다. 지쳐 돌아온 아빠는 엄마에게 말하곤 했다.

"50살이 넘으면 지금처럼 돈 걱정 하지 않게 해줄게. 아이들이 원하는 대로 밀어주는 아빠가 되고 싶어."

때론 주말에도 여기저기 강의 다니며 바쁘게 사느라 대화가 부족하고 집안일도 엄마가 도맡아 할 때도 많았다. 그러나 목표를 향한 아빠의 눈물겨운 사투를 알기에 서로를 보듬을 수 있었단다. 주말에도 너희들을 혼자 돌보는 시간이 많았어도 속상한 것이 아니라 안쓰러웠다.

그러면서도 아빠는 할 수 있는 한 너희들의 삶의 구비구비마다 아름다운 추억 한 자락 만들어 주려 부단히 애썼다. 그것이 엄마아빠가 공유한 삶의 원칙이며 목표였다.

부부간의 목표란 경제적 안정이나 집 마련과 같은 실제적인 것에서, 성공의 개념, 노후의 삶, 가족의 가치, 교육관 등 이상적인 것 그리고 철학적인 것들까지를 의미한다. 어찌보면 너와 네 아내의 삶을 통째로 공유하며 살라는 것이다.

결혼생활의 목표를 분명히 세우고 공유하면 성취력은 배가 된다. 마치 우리가 목표를 시각화하고, 그것을 다른 사람들에게 공개하면 성공 확률이 높아지는 것과 같다. 그것이 가훈으로 드러나기도 하고 부부의 철학으로 내재되기도 한단다.

삶의 우선순위를 공유하면 큰 어려움이 올 때 빛을 발하더구나. 어려움이 닥치면 사람이 약해지기 마련이다. 그럴 때 나의 생각을 미러링해 주고 지지해 주는 사람이 있으면 힘을 얻게 된단다. 세상이 모두 나를 등져도 끝까지 내 곁에서 내 편이 되어 줄 사람은 네 아내라는 것을 잊지 말거라. 그리고 그렇게 만들기 위해 많은 대화를 하며 공들이며 살아라.

집안일로
생색내지 말아라

 옛날 여자들은 집안일은 여자의 몫이라고 생각했다. 엄마는 과도기의 삶을 살았기 때문에 직장을 다니면서도 집안일을 모두 내 것으로 생각하며 결혼 생활의 2/3를 보냈다. 명절 때는 친정에 가보지도 못하고 얼굴도 모르는 시아버지와 조상 음식 차리느라 종종거린 세월이었다.

 그러나 다행히 요즘 젊은 사람들은 집안일은 여자의 것이 아닌 '우리의 몫'으로 생각한다고 하더라. 고마운 일이다. 집안일은 시간이 되는 사람이, 기운이 좀 남는 사람의 몫이다.
 예를 들어, 네가 요리를 잘 하면 요리는 네가 하고 설거지는 아내가 하면 된다. '도와줄게'와 같은 시덥잖은 말은 하지 말거라. 도와주는 것은 아내의 계획서를 위해 자료를 찾아준다거나, 아내가 화장을 잘 하도록 거울을 닦아줄 때 쓰는 말이다. 집안일은 도와주는 것이 아니라 함께 살기 위해 할 일을 하는 것이니 생색내지 말아라.

잘하는 사람이 잘하는 일을 해라. 힘센 사람이, 그쪽으로 능력이 있는 사람이 조금 더해도 된다. 빠른 사람이 좀더 할 수도 있다. 집안일로 재고 따지고 떠넘기지 말아라. 그것은 평등이 아니다.

전원생활하는 엄마아빠의 요즘 생활은 이렇다. 아빠는 농작물 밭두둑을 만들고, 거름을 주고, 순을 따주고, 서서 하는 일을 한다. 엄마는 열매를 따서 장아찌를 만들고, 풀을 뽑고, 꽃을 가꾼다. 아빠는 허리가 아프니 앉거나 꾸부리고 하는 일은 어렵다. 허리에 무리가 가는 일은 엄마가 많이 하려고 한다. 그래서 무거운 장보기도 엄마가 하고, 가끔은 곡괭이질도 한다.

휴일에는 서로 자기가 하고 싶은 일을 한다. 각자 좋아하는 일을 하며 이것저것 해달라고 조르지도 않는다. 이것이 결혼 40년 차의 위엄이다. 그러나 너희들은 처음부터 그렇게 되지는 않을 것이다. 시간이 필요하니 조급해 하지 말거라.

각자 잘하는 일을 하면 된다. 너희들 어려서 여행갈 때도 여행지에 도착하면 엄마가 바로 밥을 준비했던 것을 기억할 것이다. 몇 시간 동안 아빠가 운전했으니 그 정도는 엄마가 한다. 여행 오면 남자 몫이다. 독박 육아했으니 주말에는 너만 아이 봐라. 엄마아빠는 그런 것 없다. 그냥 우리가 행복하기 위한 일들을 스스로 한다.

일부러 하기도 한다. 먹기만 하면 살이 찌니 일부러 많이 돌아다니기 위해 일을 한다. 아빠는 밥 먹고 30분은 서있어야 한다며 설거지를 한다. 그러면 엄마는 바닥을 치우거나 다른 일을 해서 같이 끝내고 휴식을 한다.

특히 출근 시간에는 네가 좀더 많은 일을 하거라. 여자들은 출근하려면 남자보다 30~40분은 더 필요하다. 화장도 하고, 악세서리도 걸고, 옷 챙겨 입는 것도 더 복잡하다. 그러니 아침에는 가능하면 네가 일을 더 하거라.

일을 많이 하고 몸을 많이 움직이는 젊은 날의 습관은 노년의 건강을 가져다준다. 게다가 젊은 날의 다정함과 배려는 노년의 행복을 가져다준다. 네가 조금 더 움직이고 조금 더 집안일 하거라. 그런 너의 행동은 행복한 가정으로 반드시 보답한단다.

낯꽃을
밝게 하거라

 사춘기 아이들처럼 밖에서 잘 놀고 잘 웃다가 집에만 들어오면 죽상을 쓰는 사람이 있다. 남하고는 칭찬도 잘하고, 유머도 잘 쓰면서 아내 앞에만 오면 입 꾹 다물고 무게를 잡는다. 심지어 트집과 짜증으로 가족들을 긴장하게 한다. 게다가 짜증 내다 웃다 변덕스럽기까지 하면 그건 이혼감이다.

 이런 것들이 아내를 슬프게 한다. 힘들더라도 집에 오면 밝은 얼굴로 낯꽃을 피우거라. 하루 종일 너와의 시간을 기다린 아내다. 아이들은 더욱 그렇다.
 네 가정을 해처럼 밝은 곳으로 만들어라. 그렇게 만들기 위해서는 네 아내의 몫도 있겠지만 너의 몫이 더 크다. 가끔은 이벤트도 하고, 퇴근길에 미리 즐거운 전화를 해 줘도 좋고, 문 앞에서 깜짝 놀래키는 장난도 좋다. 출근 전 현관에서의 사랑의 총쏘기는 엄마아빠의 행복한 유희다.

요즘 아빠는 사무실을 나설 때는 거의 언제나 전화를 한다.
"여~보~쎄~용~!"
그러면 엄마는 똑같이 "여보세용! 얼렁 오세용!"으로 화답한다. 그 전화 한 통으로 아빠가 올 시간을 기다리며 저녁을 준비한다. 퇴직 전에도 퇴근 무렵에는 언제나 다정한 말투로 서로에게 전화를 했다. 그러면서 수고한 하루를 위로하는 우리의 시간이 시작되는 것이다. 퇴근하면 아빠는 "오늘도 성공이야!"하며 웃으며 들어오고 엄마는 현관으로 쫓아 나가 "고생했네?" 하며 환하게 맞이한다.

물론 처음부터 그런 것은 아니다. 신혼 시절에는 늦어도 전화 한 통 없다고 싸우기도 했지만, 엄마아빠의 결혼 생활의 원칙은 '상대가 원하면 웬만하면 한다, 싫어하면 안 한다'이다.

단순하고 깔끔한 원칙이다.

사랑은 자신이 원하는 것을 해주는 것이 아니라, 상대가 원하는 것을 해주는 것이란다. 엄마아빠는 서로 사랑하니까 그렇게 하려 애썼다.

그러니 심란한 얼굴로 들어와 집안을 어둡게 하지 말거라. 물론 어려운 일 있어도 비밀로 하라는 말이 아니라, 네 인생을 바꿀만한 혹은 망칠만한 중대한 일이 아니라면, 이왕이면 행복감 넘치는 모습으로 퇴근하라는 것이다.

많고 많은 사건 사고가 있는 세상, 정글 같은 직장에서 편안한 가정으로 돌아왔으니 행복하게 들어오거라. 네 아내도 반갑게 맞이하게 해라.

퇴근해서 현관에 신을 벗는 일이야말로 얼마나 소중한 일인지 살아보면 안다. 험한 세상에서 하루 일을 잘 마치고 집으로 들어왔다는 것은 축복이다. 아침에 눈을 뜸에 감사하듯, 신을 벗는 그 행위를 감사함으로 맞이하거라. 게다가 아내와 아이들이 너를 기다려 준다면 행복은 아무것으로도 바꿀 수 없다.

그야말로 '있을 때 잘 해'라는 유행가 가사처럼 행복할 때 행복을 지키려 노력해야 한다.

친구를 만나도 행복감 넘치는 사람을 만나거라. 우울한 사람, 비판적인 사람, 비관적인 사람, 부정적인 사람이 곁에 있다면 네 인생도 함께 우울해질 확률이 높다. 그러니 너 먼저 가족에게든, 친구에게든 행복감 넘치는 긍정적인 사람이 되거라.

퇴근하면 어떤 즐거운 이야기를 해주려나 기대하게 하는 남편이 되거라. 아이들이 아빠가 퇴근하면 얼마나 신나게 놀아줄까 기대하며 기다리게 하거라. 네가 가정의 행복의 파수꾼이 되기를 진심으로 바란다.

다정한 내 아들아!
가정의 행복을 지키는 방법 중에 가장 확실한 것은 부부가 낯꽃을 밝게 하고, 말꽃을 피우는 것이란다.

엄마아빠 걱정은
하지를 말아라

　결혼했다고 갑자기 별로 어울리지도 않는 대변자 노릇에 관심 두지 말아라. 부모와 아내 사이에 끼어있다는 생각도 가지지 말아라. 양쪽 대변해 주려다가 네 아내와 엄마아빠를 모두 잃을지 모른다. 그래도 너는 부모는 가끔 살피고, 네 아내는 매일 살피며 살아야 할 사람이라는 것을 잊지 말거라.

　네가 행복한 것이 곧 엄마아빠의 행복이다. 혹시나 며느리와 아들이 친한 것을 시기하는 부모가 있다면, 정신적으로 하자가 있는 사람임이 분명하니 병원 치료를 권하는 것이 낫다. 대부분의 부모는 자식이 행복하면 자신도 행복하다. 그러니 부모를 위한다고 아내와의 불화를 선택하는 것은 바보짓이다. 그렇다고 아내를 위한다고 부모를 너무 슬프게는 하지 말거라.

아내가 엄마아빠를 욕하거든 맞장구쳐 주어라. 우리 귀에 안 들어오면 그만이다. 네가 고자질해 옮기지만 않으면 모르고 살 테니 걱정하지 말아라. "아내가 엄마아빠가 내 가정교육을 어떻게 시켰냐고 하더라구. 이거 문제 있는거 아냐?" 같은 한심한 말로 엄마 속 터지게 하지 말아라.

우리 또래들 농담에 '며느리의 남편을 자기 아들로 생각하면 미친 X이다' 라는 말이 있다. 맞다. 결혼했으니 너는 네 아내의 남편이고 네 아이들의 아빠다. 그러니 엄마아빠 아들이라고 유난 떨지 말아라. 너무 많은 책임감도 가지지 말거라. 네가 잘 커서 결혼했으니 엄마아빠 아들로서 책임은 90% 진 것이다. 나머지는 차차 하거라.

엄마가 시어머니는 물론 시동생과 함께 살면서도 나름 잘 견디며 산 것은 아빠의 지혜 덕분이라고 생각한다. 엄마가 가끔 할머니 흉을 보고, 삼촌, 고모들 흉을 보면 아빠는 대체로 함께 흉을 본다. 심지어는 나보다 더 흉을 본다. 그러면 엄마는 누그러져 이렇게 생각한다.

"지 엄마고, 지 형제인데 얼마나 편들고 싶겠어? 그래도 내 편 들어주느라 고생이네. 장남으로서 하소연할 데 없는 저이가 더 힘들겠지."

아마도 할머니가 엄마 흉보면 아빠는 엄마에게 하듯 맞장구치며 할머니 마음을 만져 주었겠지. 그렇게 비밀을 지켜내려는 아빠의 고독한 사투로 집안의 평화가 유지되었다고 생각한다.

네 아내는 그냥 푸념하는 것이다. 싫어서라기보다 남편의 식구들을 받아들이려 노력 중이니 알아 달라고 하는 것이다. 그러니 "나도 힘들어. 그런 소리 할려면 말도 꺼내지마." 따위의 헛소리 집어치우고 그저 들어 주어라. 엄마아빠도 산전수전 다 겪었고, 사회생활 할 만큼 했으니 면전에서 퍼붓지 않는데 상처받을 정도는 아니다. 걱정 붙들어 매고, 네 아내를 지키거라.

결혼한 그날부터 의도적으로라도 엄마아빠는 잠시 잊어

라. 그리고 너의 선택을 믿어라. 너는 우리 아들이니 최소한의 양심과 기본은 있는 사람을 아내로 맞았을 것이다. 네가 훼방만 놓지 않으면 기본은 할 것이다. 그러니 우리 일일랑 네 아내에게 맡기고 너는 처가와 친해질 기회를 가지거라. 네가 무심한 척한다고 다정한 내 아들이 어디 가겠느냐?

옛날에는 며느리에게 '귀머거리 3년, 장님 3년, 벙어리 3년'으로 살라고 했다. 그러나 이제는 남편들에게 하는 말이다. 봐도 못 본 척, 들어도 못 들은 척, 알고도 모르는 척 고독을 선택하거라. 네 아내는 너 하나만 믿고 우리 집의 며느리가 될 것을 결심한 사람이다. 그러니 그런 소중한 믿음을 배신하지 말거라.

아들아! 우리 걱정은 하지를 말아라.
우리는 너 장가 가고 매일이 꽃피는 봄날이다.

유머 있는
사람이 되거라

 최근 행복 심리학의 중요한 화두는 유머라고 한다. 유머는 사람을 즐겁게 해주며 관계의 윤활유 역할을 한다. 유머는 단순히 사람을 웃기는 것을 의미하지는 않는다. 사람마다 웃음 코드는 다 다르기 때문이다.

 유머는 하나의 시선이자, 선택이다.
 타고난 유머가 많지 않아도 된다. 세상을 긍정적인 시선으로 보고, 그에 대해 낙관적인 선택을 하면 된다. 그러니 원래 남 웃기는 재주가 없다고 말하지 말아라. 네 시선을 즐겁고 따스하게 만들거라. 드라마를 다큐로 받아들여 열 내지 말고, 웃자고 하는 일을 죽자고 덤비지 말면 그만이다. 그것이

유머다.

많은 연구 결과 유머가 많은 사람이 고통을 이겨내는 힘도 강하다고 한다. 환자들에게 매일 즐거운 웃음을 웃게 했더니 웃음이 심리 대응 기제가 되어 면역체계를 강화하여 병에 대한 저항력이 커졌다는 것은 좋은 사례다.

서로 잘 모르는 사람들을 세 그룹으로 나누어 매력 지수를 평가하는 실험을 했단다. 한 그룹은 서로 게임을 한 후에, 다른 그룹은 함께 미션을 완료한 후에, 나머지 그룹은 실수로 물을 쏟아 당황스런 상황을 겪게 해 놓고 그것을 적절한 유머로 해결한 후에 매력도를 검사하였다. 결과는 유머를 사용한 세 번째 그룹이 매력도가 가장 높았다고 한다.

너도 알다시피 세상이 그리 만만한 곳이 아니다. 매일 황당한 일들이 도처에서 일어난다. 가정생활도 마찬가지다. 그럴 때 유머로 상황을 긍정적으로 넘기는 것은 분명 삶의 경쟁력이다.

미쉘 오바마는 '부부간의 문제를 너무 심각하게 받아들이지 마라. 웃음은 부부를 하나로 결합시키는 가장 좋은 형식이다'라고 했다.

　자주 배꼽 잡고 웃거라. 웃을 일이 없으면 일부러라도 만들어 웃어라. 돌아보면 세상은 온통 개그 거리다. 가정의 분위기는 그 가정의 운명을 결정한다. 적절한 유머와 웃음은 너의 아내를 웃게 만들 것이고, 그것은 너와 네 아내의 인생을 성공으로 이끄는 힘이 될 것이다.

네 삶이
곧 유언이다

 독립운동가 김약연 선생은 '나의 삶이 곧 나의 유언이다'라는 말을 남겼다.

 또 서산대사는 '오늘 내 발자국은 훗날 뒤에 오는 사람의 이정표가 될지 모르니 함부로 어지러이 걷지 말라'고도 했다.

 또 '자식은 부모의 등을 보고 자란다'는 말도 있다.

 교육은 말이나 훈계로도 가능하지만, 자식은 부모의 행동을 따라 하며 성장하게 된다. 남편으로서도 그렇지만 아빠로서 너의 삶을 귀하게 여기며 살거라. 너의 발자국이 아이들의 이정표가 된다.

개같이 벌어 정승같이 쓰려하지 말고, 사람답게 벌어 사람과 더불어 쓰거라. 네 가족만큼 다른 사람도 귀하게 여기며 품 넓게 살거라. 작은 고통에도 종종거리며 좌절하지 말고 이 또한 지나갈 것을 알고 당당하고 의연하게 헤쳐가거라.

네가 부모에게 하듯 너의 자식들도 할 테니 네가 받고 싶은 대로 어른들을 대우하거라.
거친 말과 행동으로 네 아내를 대하지 말고 존중의 마음을 다해 사랑하거라. 세상의 부정의한 것들에 깨어있고, 아픈 것들에 대해 힘을 보태고 아파하거라.

너는 이제 너만의 삶이 아닌 가장으로서의 삶을 시작하는 것이니 잘 살아야 한다. 자녀에게 많은 것을 유산으로 주면 좋겠지만, 그 어떤 것보다 귀한 유산은 성실하고 따뜻한 품 넓은 어른으로 사는 너의 삶이다.

너의 일상이 네 가정의 문화가 되고, 역사가 될 것이다. 너의 삶에 대한 시각과 가치관이 네 가족의 가치관이 될 것이다.

그러니 허투루 살지 말아라. 아무렇게나 생각하고, 말하고, 행동할 생각은 아예 버려야 한다.

내 아들아!

성실하고, 유쾌하고, 따뜻하고, 반듯하게 살아가려 애쓰는 아빠를 보고, 남편을 보고 네 가족들은 아무리 어려운 일이 닥쳐도 이겨낼 힘을 얻을 것이고, 궁극에는 행복한 삶을 만들어 낼 것이다. 그것이 네가 남길 수 있는 가장 값나가는 유산이란다.

엄마아빠도 우리의 삶이 너희들에게 유언이 될 것이라는 그 마음으로 조심조심 살았다.

5장

결혼 실전 연습

즐거운 추억을
만들어라

    결혼도 생활이다. 삶에는 기복이 있기 마련이다. 엄마는 순탄치 않은 삶을 살만한 곳으로 만드는 것은 좋은 추억 한 자락도 있다고 생각한다. 즐겁고 행복한 추억은 삶이 어려울 때 쉼을 주는 그늘막 같기 때문이란다.

    정말 행복한 사람은 추억 부자들이라고도 한다. 그러니 기회만 되면 네 가족들과 즐거운 일, 행복한 일을 많이 만들며 살거라. 네 아내에게도 좋은 추억을 많이 선물하거라.

    엄마아빠 젊은 시절에 남자들은 '잡은 물고기는 먹이를 주지 않는다.'며 저만 나가 놀고, 아내를 나몰라라 한 사람도 많았다. 그렇게 살았으니 요즘 엄마 나이에 황혼 이혼이니, 졸혼이니 하는 사람이 많아지고 있다고 한다. 남자가 원하는 경우도 있지만 아직도 여자가 이혼을 요구하는 비율이 2배 가량 많은 것은 당연할지 모르겠다.

정말 부부가 소중하고 필요한 시기는 오히려 나이가 들었을 때인 것 같다. 친구들도 저마다 삶이 있고, 자식들도 자신의 삶으로 바쁘니 놀아주고 돌봐줄 사람은 부부밖에 없다는 것을 새삼 느낀다. 아빠가 없어진다면 아마도 엄마 삶의 즐거운 일의 대부분 사라질지도 모른다.

요즘 60대 이상 퇴직한 부부들의 고민은 함께 노는 방법을 모른다는 것이다. 삼시세끼 밥 먹고 나면 각자 방에서 유투브를 보거나, 각자 밖으로 돌다가 말 한마디 없이 각자의 방에서 잠만 자는 부부도 많다고 한다.

그러니 젊은 날부터 함께 잘 놀아야 한다. 운동도 같이 하고, 취미생활도 웬만하면 같은 것을 하나쯤은 가져라. 따로 또 같이의 시간을 잘 만들어야 한다. 네 아내는 긴 시간 너와 함께 할 동지며, 친구며, 연인이다. '자식보다 돈보다 더 좋은 보약같은 친구'라는 유행가 가사 말이 백번 맞다.

부부가 잘 노는 것은 아이들 교육에도 중요한 지점이다. 노는 것은 일하는 에너지의 근원이기 때문이다, 어려서의 가정 문화가 아이들 삶을 결정한다는 것은 너희들이 더 잘 알 것이다. 너희들은 어려서부터 주말이면 뇌 컴퓨터, 일 컴퓨터 끄고 가족과 함께 노는 시간을 가졌던 엄마아빠로 인해 성인이 되어서도 주말 잘 지키며 잘 놀고 있어 오히려 고맙다.

매일 똑같은 하루보다는 가끔은 즐거운 이벤트나 즐거운 여행이나 놀이를 즐기며 행복한 추억을 만들거라. 계절이나 절기마다 가족의 이벤트를 만들어 지키는 것도 좋다.

너희들 어렸을 때 우리가 함께 했던 추억들이 떠오른다. 봄 가을은 1박 여행, 여름 겨울은 꽤 긴 장박 여행, 초대장 만들고 박 터트리기 준비해서 하던 생일파티, 크리스마스 트리 장식하기와 파티, 용돈 모아 하던 연말 봉사활동, 송구영신 가족 행사, 할로윈 파티, 독서편지 쓰기, 대보름 쥐불놀이, 누나와 하던 씨름과 권투, 가족 대항 윷놀이, 낚시 등은 모두 너희들의 삶을 단단하게 만든 추억이 되었을 것이다.

이런 추억거리들은 '뿌리 깊은 가족주의'라는 우리 가족만의 이념으로 성장했고, 단단한 삶을 만들었다고 생각한다. 그래서 이렇게 너에게 책을 쓰는 행복한 노년을 맞이하는지도 모를 일이다.

생활이 어렵고 시간이 부족하더라도, 결코 순탄치만은 않은 삶의 구비구비마다 힘을 얻을 좋은 추억들을 네 가족과 함께 많이 만들기 바란다.
그것이 행복한 노후를 위한 젊은 날의 투자다.

프로답게
싸우거라

 부부싸움을 즐길 필요는 없지만, 싸울 일을 참았다가 한꺼번에 터트리지 말아라. '싸우면 키큰다'는 옛말 하나도 틀리지 않다. 잘 싸우면 사랑도 크고, 믿음도 크게 된다. 네 마음이 크는 것은 덤이다. 그러나 잘 싸워야 한다.

 사실 부부의 싸움은 둘의 문제도 있지만, 자식이나, 돈, 양가 부모와 가족, 남과의 비교 등 외부 문제가 더 많다. 또 너는 벌써 잊었는데 네 아내는 아직도 씨름하고 있는 옛날의 네가 문제인 경우도 있다.

 끝장 내려고 작정하고 거친 욕설이나 신체적 폭력이 난무

하는 싸움이 아닌 이상 부부싸움은 단점만 있는 것은 아니다. 오히려 잘 싸우면서 성장하기도 하고, 마음이 넓어지기도 하고, 몰랐던 상대의 아픔이나 슬픔을 이해하기도 하고, 보듬을 기회를 가질 수도 있다.

그러니 싸울 수밖에 없다면 이기는 싸움 말고 성장하는 싸움을 하거라. 그러기 위해서는 기술을 익히고 규칙을 정해 프로처럼 싸우거라. 내일이 없는 싸움은 하지 말아라. 언제나 내일을 기약하는 마음을 잊으면 안 된다.

그러기 위해서는 몇 가지 원칙이 있다.
첫째, 남탓하지 말아라.
아내 탓은 물론 처가, 상사 누구도 탓하지 말아라. 쪼잔해진다. 성격도 탓하지 마라. 그 성격이 좋아서 결혼해 놓고 이제와서 오리발 내밀지 말아라. 원인 제공자가 너일 가능성이 99.9%다. 천주교 신자의 기도처럼 '내탓이요'를 먼저 생각해라.

'당신은 맨날, 집에서 뭐하고 애들을 이따위로, 어디서 배워먹은 짓이야? 밥먹고 할 일이 그렇게 없어? 성격이 이 모양이니? 당신 식구들 하는 짓이란!' 이런 따위 말하려거든 네 입을 꿰매야 한다.

둘째, 싸움이 끝나면 주워 담을 수 있는 말만 하거라.

화난다고 아무 말이나 내뱉는 것은 아이들도 안 한다. 여자들은 그 말 한마디에 목숨 걸고 아파하기도 한다. 고운 말만 쓰며 싸울 수는 없겠지만 욕설, 아내의 외모나 성격을 비난하는 말, 가족에 대한 모욕적인 말, 이혼한다는 말은 절대 하지 말아라. 엄마의 제안은 싸울 때는 경어를 쓰면 좋다. 경험상 경어를 쓰면 최소한의 예의는 지킬 수 있더구나.

지나치게 큰 소리도 삼가거라. 프로처럼 멋있게 싸워라. 감동을 주는 싸움도 있는 법이다.

셋째, 지금, 여기, 우리와 싸워라.

'지난 번에도, 옆집 부인은, 너네 집은, 네 친구들은, 너네 부모는, 너네 가정은' 등을 소환하려거든 이혼할 각오도 같이 소환하거라.

지금, 여기에 집중하는 것은 성공하는 사람들의 공통된 특

징이다. 과거의 일들을 모아서 한꺼번에 쏟아내는 비열한 싸움은 절대 하지 말거라.

넷째, 싸우다 내빼지 마라.

싸우다 말이 안 통한다고 문을 쾅 닫고 집을 나가거나, 이불 들고 다른 방으로 가서 잔다거나, 심지어 엄마에게 달려오지 말거라. 정떨어진다.

물론 열을 식히기 위해 약간의 격리 시간이 필요하긴 하다. 그것도 어디까지 허용가능한 행동인지 네 아내와 미리 정해두는 것이 좋다.

아무리 싸워도 붙어 있어야 화해할 시간과 공간이 주어지는 것이니 가능하면 붙어 있어라. 침대 끝과 끝에 매달려 있더라도 가능하면 같은 공간에 머물러라.

다섯째, 하루를 넘기지 말거라.

어떤 부부는 싸우면 한 달씩 말을 안 한다고도 하더라만 그것은 부부관계 개선 의지가 없는 행동이다. 미안한 마음이 들거나, 화해해야겠다고 생각이 들면 시간 끌지 말고 즉시 행동해라. 부부간의 자존심은 아무짝에도 쓸모없다.

맨날 '내가 먼저 풀어준다'고 재지 말아라. 누가 하든 화해하면 그만이다. 그리고 네가 먼저 풀어주면 네 아내는 사랑받는 여자의 향기를 뿜어낼 것이다.

여섯째, 가르치거나 훈계하려 들지 말아라.
너도 많은 생각을 했듯, 네 아내도 생각이 많았을 것이다. 훈계질이나 지적질은 싸움을 연장할 뿐이다. 네 아내는 훈계의 대상이 아니라 함께 배워가는 동반자다.

이것들이 엄마아빠가 가끔 부부싸움해도 더 사랑하게 된 특급 비결이다.

화내는 법을
훈련해라

평생 화를 내지 않고 사는 사람은 없을 것이다. 심지어 예수님도 교회를 어지럽힌 자들에게 화를 내시며 팔고 있는 양과 소를 쫓아내기도 했고, 노아의 홍수도 하나님의 분노의 결과였다.

사람이 화를 낼 때는 명확한 이유가 있고 바라는 것이 있어야 한다. 그리고 그 화를 통해 불합리한 것을 개선 시킨다는 것을 전제로 한다. 그러니 적합한 화가 아닌 짜증으로 사태를 악화시키지 말아라.

화가 난다는 것은 내가 바라는 대로 되지 않음을 표현하는 것이다. 그러니 터무니없이 화내지 말고, 바라는 것이 무엇이고, 어떻게 개선되었으면 좋겠다고 설명하면 된다. 화가 난다고 몇날 몇일을 말도 안 하고 찍소처럼 버티지 말아라. 공연히 문 쾅쾅 닫으며 가족들은 눈치 보게 하지 말아라. 게다가 갑자기 버럭버럭 화를 내서 가족을 공포에 떨게 하는 짓은 가장이기를 포기한 행동이다.

말은 하나님이 주신 선물이다. 화가 난다고 행동으로 표현하는 것은 미개한 동물이나 하는 짓이다. 욕은 말이 아니다. 화를 표현하는 동물의 소리에 불과하다. 화난다고 던지고 욕하고 심지어 폭력을 쓰는 것은 인간이기를 포기하는 행위다.

특히 아이가 생기면 더 조심해야 한다. 아이들은 다 기억한다. 엄마는 아빠와 싸웠던 때를 거의 기억하지 못하는 데, 너희들이 엄마아빠가 싸웠던 기억을 말했었다. 그렇게 노력했는데도 너희들 기억에 남기고 말아 부끄러웠던 적이 있다. 다행히 많은 날이 기억에 없어서 감사할 뿐이다.

화가 나면 하나님이 인간에게만 주신 말을 사용하거라. 억양이 조금 세지거나 큰소리를 내는 것까지가 마지노선이다. 자주가 아니라면 말이다.

  화났다고 쪼잔하게 입 닫고 방에 쳐박혀 있거나, 밖으로 돌거나, 말로 찌르거나, 폭력을 행하거나, 엄마에게 이르지 마라. 네 아내가 의지할 곳이 없어진다.

귀찮으면
죽는다

요즘 엄마가 확실하게 미는 말이다. 나이가 드니 귀찮은 일도 많고, 의미 없는 일도 많아지는구나. 그래도 이 말을 열심히 외다 보니 미루는 것도, 떠넘기는 일도, 남 시키는 일도 확실히 줄었다. 귀찮아하는 것도 버릇이다.

집안일이든 직장일이든 일을 귀찮아하지 말아라.
장수한 사람들의 공통점은 운동을 많이 한 사람이 아니라, 일을 즐겁게 한 사람이라고 한다. 엄마는 집안일을 운동이라 생각하고 재미있게 한다. 그래서 텃밭과 정원 가꾸는 일이나 요리는 물론이지만 자주 움직이며 아빠 물도 떠다 주고, 아무 데나 벗어 놓은 양말도 치운다. 아빠 나갈 때 현관까지 따라가고, 퇴근하면 현관까지 쫓아가 반긴다. 현직에 있을 때도 엄마는 일이 즐겁고 고마웠다. 그래서 열심히 일했다.

아빠도 요즘은 귀찮으면 죽는다고 생각하는지 열심히 설거지하고, 집안일하고, 과일도 깎아 먹여주고, 빨래도 개고, 잔심부름도 잘 한다.

아내의 말에 맞장구쳐 주고 추임새 하는 것을 귀찮아하지 말아라. 귀찮아지면 멀어진다. 너의 추임새로 아내가 종달새처럼 종알거려야 무슨 생각을 하는지 무엇으로 울고 웃는지를 알 수 있지 않겠니?

아내에게 사랑하는 마음을 표현하는 것을 귀찮아하지 말아라. 사람은 표현하지 않으면 알 수 없는 존재다. 그러니 말로도 몸으로도 마음으로도 귀찮아하지 말고 표현해라. 틈이 나면 문자도 보내고, 키스도 해주고, 손도 잡아주고, 백허그도 해주어라.

평범한 일상을 귀찮아하지 말아라.
모든 일이 그러하듯 한번 손을 놓으면 다시 잡기가 어려워진다. 운동과 노동은 다르다고 하지만 엄마는 평생 헬스장을 가거나, 따로 운동시간을 내지 않고도 이 나이까지 건강 유지하며 잘 산다. 집안일을 운동하듯 하면서 말이다.

물론 너희들과 함께할 시간도 없이 바쁘기도 했고, 돈도 없어 선택한 방법이지만, 일상생활을 역동적으로 하는 '넛지' 습관으로 평생 건강과 활력을 유지하고 있다. 그러니 평범한 하루의 일들을 미루고 귀찮아 말아라.

가족과 함께하는 시간을 귀찮아하지 말거라.

외식하거나, 가까운 곳이라도 여행하거나, 좋은 시간을 갖는 그런 소소한 추억들이 노후의 삶을 지탱하고 건강도 지킨다. 너희들 성장해서 나간 후로 엄마아빠의 금요일 저녁은 둘만의 회식의 날이다. 손잡고 동네 나가 저녁도 먹고 술도 한잔 한다. 4시 약속이면 3시부터 설레는 어린왕자의 여우처럼 금요일은 아침부터 설렌다. 그렇게 함께한 시간들이 삶을 채운단다.

네 가족이 언제까지나 너를 기다려 줄 것이라는 꿈은 버리고 벌떡 일어나 행동하거라. 귀찮으면 죽는다.

꽁해
있지 마라

 요즘 엄마 친구들 만나서 이야기해 보면 나이 먹으면서 남자가 더 쪼잔해져서 퇴직하니 남편 힘들어 죽겠다고 한다. 게다가 삐지기도 잘 해서 짜증 제대로 난다고 흉들을 본다.

 쪼잔하게 꽁해 있거나 삐지지 마라. 젊을 때 쪼잔하지 않은 사람도 나이 들면 쪼잔해진다고 하니, 젊을 때부터 쪼잔한 사람은 나이 들면 어떻겠느냐?
 자신이 잘못했거나 곤란한 상황을 술이나 엉거주춤한 변명으로 대충 풀려고 하지 말아라. 진실한 대화를 통해 시원하게 풀어라.

대화는 불평이나 짜증과 다르다. 상대의 이야기를 들어주고 내 마음을 합리적으로 전달하는 것이 대화다. 상대방의 불만은 듣지도 않고 내가 잘 해준 것만을 열거한다면 대화가 아니라 자랑질이다. 게다가 듣지도 않고 꽁한 마음으로 버럭하면 그 관계는 끝장 나는 것이다.

또 네 아내가 네가 잘못했다고 하면, 시원하게 사과하거라. 이유는 몰라도 된다. 부부 사이는 논리나 이해로 사는 것이 아니라 그저 받아들임으로써 사는 것이다.

꽁해 있지 말고 대화하거라.
미성숙한 사람은 대화하지 않고 삐진다. 대화는 격조 높은 인간의 행위다. 좋은 말로 내가 왜 언짢은지, 왜 속상한지 간명하게 한 번만 말해라. 같은 말은 두 번 세 번 말하면 지루해진다.

남자로 태어났으니, 너를 믿고 젊은 날의 아름다움과 자유를 뒤로 하고 달려온 네 아내에게 통크고 시원하게 굴어라. 아내도 삐지고 뾰루퉁하니 나도 그렇게 한다고 쪼잔하게 맞대응하지 말거라. 찌질해 보인다.

효자인 척
하지 말아라

 결혼했다고 새삼 효자인 척하며 그동안 안 하던 짓하면서 네 아내와 싸우지 말아라. 그동안 엄마아빠의 사랑스럽고 고마운 아들로 잘살다 결혼했으니 이미 효도한 거다.

 네 아내가 우리에게 잘하면 'Thank you!'고, 잘 못해도 'OK'다. 네 아내가 너를 우리로부터 독립시킨 것만으로도 이미 감사하고 감사할 일이다.

 아빠처럼 하면 된다. 시가는 아내가 챙기고 처가는 네가 챙기면 된다. 네 아내가 "저 남자 시부모님 아들 맞아? 저런 아들 안 낳아야지!" 하는 생각이 들 정도로 해도 좋다. 세상이 뒤집어져도 네가 우리 아들이라는 것은 절대 변하지 않는 사실이니, 걱정하지 말고 네 아내의 행동의 폭을 넓혀주어라. 요즘은 처가로 모든 것이 모인다지만 그래도 할 수 없다. 엄마아빠는 네가 행복하면 그만이다.

결혼 전에는 전화도 자주 안 했으면서 결혼하고는 아내에게 자주 전화 안 한다고 타박하고, 결혼 전에는 총각 찬스 운운하며 명절 때든, 집안 행사든 핑계거리 만들어 안 오려고 애썼으면서 결혼했다고 효자인 척 미리 가야 한다고 우기고 싸우지 마라. 안 와도 된다. 너희 둘이 사랑하며 살면 그만이다.

네가 아껴주고 우리가 네 아내를 귀하게 여겨주면 오지 말래도 온다. 그게 인지상정이다. 우리 며느리에게 할 일은 우리가 알아서 할테니, 너는 네 아내에게 할 일을 해라. 끼어들어 산통이나 깨지 마라.

할머니는 서운했을지 모르지만, 아빠는 평생 먼저 할머니에게 무엇을 해드리자고 한 적이 없다. 용돈도 엄마가 드렸고, 대소사도 엄마가 상의했다. 요즘은 경제권도 활동도 각자

하는 시대라, 전화도 자기 집에만 하고, 용돈도 제 부모에게만 준다고 하더구나. 그러나 결혼은 너희 둘만의 문제가 아니라, 서로의 가족을 받아들여 '우리 식구'가 되는 것이기도 하단다. 그러니 네 아내가 엄마아빠를 가족으로 받아들일 수 있도록 마음을 써 주거라. 시간도 주고, 기회도 만들어 주거라. 며느리는 아무리 딸 같다 해도 딸은 아니다. 그러니 용돈이나 물건으로 서로 마음을 사는 시기가 필요할지도 모른다. 말로라도 사랑을 쌓는 시간들을 만들어 가야 할지 모른다.

  너는 이제부터 엄마아빠를 소 닭보듯 해도 된다. 네 결혼으로 올라간 엄마아빠 행복지수는 10년은 갈 것이니, 10년 동안은 네 아내에게 올인해도 된다. 엄마아빠에게 해주고 싶은 것 있어도 꾹 참아라. 한 10년 참아줄 각오가 되어 있다.
  효자말고 균형잡기 달인으로 살거라.

이혼은
생각도 하지 말아라

요즘 결혼을 소재로 한 프로도 많고, 돌싱이나 싱글을 상대로 한 프로도 많다. 그만큼 사람들이 이혼을 편하게 받아들이는 시대가 되었다.

그러나 절대 이혼은 안된다. 꼰대 소리 들어도 할 수 없다. 사실 이혼도 결혼과 같은 법적 절차고, 사회에서 용인된 제도니 가능한 데 왜 그러느냐고 반박할지 모른다.

엄마 말은 이혼의 원칙을 정할 필요가 있다는 말이다. 별로 살아보지도 않고, 별로 알아보려고도 하지 않고 쉽게 이혼을 생각하거나 입에 올리지 말라는 말이다. 결혼이 긴 시간과 비용을 거쳐 한 법적 행위니, 이혼도 그런 긴 절차와 과정을 차근차근 거치라는 말이다.

 하기야 누군들 쉽게 이혼을 결정하고 행동하겠느냐? 아마도 피눈물나는 밤도 보내고, 피터지게 부딪혀도 보고, 부부 상담도 해 보고, 여행도 가보고, 속 깊은 대화도 해 보고 그러고도 아니다 싶으니 결정했을 것이다. 만약 네가 그런 과정을 아프도록 거쳐 결정했다면 오케이다.

 이혼을 입에 올릴 때는 원칙이 있다. 싸움만 하면 "헤어져! 이혼해!"라는 말을 하는 부부는 결국 오래 가지 못한다. 말은 힘이 세다. 말은 자기 행동력이 있다는 것은 국어교육자인 엄마의 오랜 연구와 경험의 결과다.
 최선을 다했어도 이혼을 해야만 네가, 네 가정이 행복해진다고 판단되면 그때 하면 되는 것이다. 말로 잔펀치 날리지 말고 해야 할 때 법적 절차를 거치면 된다. 싸울 때마다 습관적으로 이혼을 입에 올리고 이혼을 생각하면 안 된다.

 결혼을 유지하기 위한 원칙을 정하고 함께 배우고 성숙해 가며 행복을 만들어 가려는 자세가 필요하다. 결혼생활은 지금까지 네가 살아온 것과는 전혀 다른 새로운 삶이다. 그리고 전혀 낯선 생명체가 너희들의 삶에 끼어들어 예기치 않은 고통과 행복을 주기도 하는 삶이다.

그러나 모든 인생이 그러하듯 어려움도 있고 즐거움도 있다. 어려움이 닥치면 혼자서 겪을 일을 함께 겪으니 감사하게 생각하면서 새로운 성장의 시작으로 받아들이고, 기쁜 일이 있으면 함께 진심으로 기뻐해 줄 동반자가 있음을 감사하거라. 완벽한 사람이 없듯이 완벽한 결혼생활은 없단다.

네 아내를
평생 친구로 만들거라

　부부는 운명공동체다. 한 사람이 아프면 옆에 있는 사람의 대부분의 즐거움이 사라진다. 엄마아빠는 둘 중 누가 아프거나 죽으면 즐거움의 99%는 사라질 것이라고 말하곤 한다.

　얼마 남지 않았다. 너도 자식이어서 알겠지만, 자식은 길어야 15년 부모와 놀아준다. 그다음부터는 부부끼리 놀아야 한다. 친구도 내가 필요할 때 언제나 곁에 있지는 않다. 그러니 평생 함께 놀아줄 좋은 친구를 만들기 위해 네 아내를 잘 보살펴라.

　친구는 거저 얻어지지 않는다. 네가 좋은 친구가 되도록 먼저 노력해야 한다.

"금슬이 좋으세요. 늘 같이 다니시게." 그러면 아빠는 항상 "놀 친구가 이 사람밖에 없어요."라고 말한다. 우리는 그렇게 평생 놀았다. 때로 퇴근만 하면 집으로 쏜살같이 달려간다고 홍보는 사람들도 있었지만, 평생을 함께할 친구가 있으니 달려갈 수밖에 없었다.

반항기에 찌든 사춘기 때 네가 "엄마아빠는 친구도 없어? 둘이만 놀게?"라며 비아냥거렸지만 이렇게 맘 잘 맞는 평생 친구를 만들기 위해 시간도 노력도 들이며 40년이 넘게 살아왔다. 직장 친구들은 퇴직하니 저마다 다른 삶을 살고, 학교 친구들은 제각각 삶의 터전이 달라 가끔 만난다.

그러나 40년지기 이 친구와는 매일 이야기도 하고, 놀기도 하고, 맛난 것 먹으러도 가고, 여행도 가고, 운동도 같이 한다. 걱정도 나누고, 기쁨도 나눠 가지며 그렇게 편안하게 늙어간다. 그러니 젊을 때부터 공들이지 않을 이유가 없지 않겠니?.

평생 친구 건강을 위해서 집안일도 팔 걷고 나서서 하고, 친구의 행복을 위해 이벤트도 해주고, 친구의 스트레스 관리를 위해 마음도 보듬어 주거라. 나이 들면 놀아줄 사람은 아내밖에 없다는 것을 명심해야 한다. 젊을 때 제멋대로 나가 놀다가, 늙어 힘없어져 집으로 돌아와도 놀아주겠지 하는 생각은 귀신 씨나락 까먹는 소리다. 그런 사람은 내 주위에 한 명도 없다.

 네 아내가 요리를 못 하면 네가 하거라. 빨래도 해주는 것이 아니라 네 생존을 위해 하는 것이니 생색내지 말아라. 시시한 일들로 미루거나 다투지 말거라. 힘이 좀 남는 사람이 조금 더하면 되는 것이다. 네 아내를 평생 친구로 만들기 위해 마음도, 힘도, 시간도, 돈도 기꺼이 투자하거라.

 오늘의 하루하루는 미래의 하루를 결정한다. 인생 전반의 관계는 후반의 관계를 결정한다. 늙어서 집 밖으로 혼자 돌지 않으려면 지금부터 아내에게 잘해라.

6장

봄햇살 같은 아내와 사는 법

아내를
바꾸려 하지 말거라

 너도 알다시피 사람은 저마다의 고유한 성격을 가지고 태어난다. 타고난 성격을 바꿀 수 없다는 것이 정설이다. 다만 각 성격의 약점과 강점을 알고 그것을 줄이고 키워 나감으로써 궁극에는 통합적 인간이 되려는 본인의 노력이 필요할 뿐이다. 그래서 많은 심리학자들이 성격을 분석하고 그 성격 안에서 행복을 찾고 성장을 이루어 내는 법을 찾기 위해 노력한다.

 "당신은 왜 항상 그 모양이야?" "성격이 그래가지고 제대로 되는 일이 있겠어?" "저놈의 성질머리 고쳐야지 살지." "당신은 어쩔 수가 없네. 짜증나!"

부부 싸움할 때 흔히 하는 말들이다. 그리고 이 말로 돌아올 수 없는 강을 건너기도 한다. 그래서 이혼 사유 중 가장 많은 것이 성격 차이라고 한다. 물론 많은 것을 성격 차이로 뭉뚱그린 것도 있겠지만 아마도 이런 소소한 사건들이 결국은 이혼의 도화선이 되었을 것이다.

치약을 어디서부터 짜느냐가 이혼 사유가 된다는 말이 있듯, 밑에서부터 차근차근 짜야 개운한 꼼꼼한 성격도 있고, 어차피 끝까지 쓸 건데 아무데서 짜 쓰면 어떠냐고 생각하는 무심한 성격도 있다. 둘 다 맞다. 그렇게 달라야 부부다.

결혼생활은 배우자의 성격이 왜 나와 다른지를 이해하는 것이 목표가 아니라, 다름 그 자체를 받아들이는 것이 목표다. 이해하고 받아들이면 최선이지만, 이해가 안 돼도 받아들이는 것이 부부다.

30~40년을 각자의 삶을 살아온 남이 만나 '우리'를 만들려 하는 데 서로를 이해하려면 그만큼이 시간이 필요하다는 것을 잊지 말거라.

엄마가 퇴직 후에 의기양양하게 좀 튀게 차리고 나가도 사람들은 엄마의 말투나 표정을 보고 교직에 있었던 줄 안다. 40년을 교직에서 있었으니 아마도 퇴직 후 40년이 지나 100살쯤 되면 교직에서의 냄새가 사라지지 않을까 생각해 본다.

아내에게 '이런 점을 고쳐라! 저런 점을 배워라!' 섣불리 잔소리 하지 말아라. 아내의 평생 삶을 부정하는 오만한 횡포다. 네 아내는 그런 모습 그대로 네가 사랑해서 결혼한 것이다. 제대로 보여주지 않아서 속았다고 핑계 대지 말거라. 제대로 못 본 것도 네 능력 부족이니 부족한 너를 탓해야 한다.

게다가 너와 똑같은 사람과 살게 된다면 인생이 얼마나 재미없겠느냐? 네가 집에 콕 박혀있는 것을 좋아하는데, 네 아내도 그렇기만 한다면 인생이 얼마나 지루하겠느냐?

네 아내의 성격이나 행동을 바꾸고 싶거든 너 먼저 바꿔 보아라. 그래야 부부다. 그렇게 조금씩 양보하고 바꾸려 노력하면서 40년쯤 살다 보면 엄마아빠처럼 서로에게 감사하고 너그러워질지 모른다.

사실 연애 5년에 결혼생활 42년차 엄마아빠조차도 아직도 서로를 이해 못 할 때가 있기는 하다. 그러면 그냥 넘어가면 된다. 굳이 이해하려고도 바꾸려고도 애쓰지 말고 그냥 그 사람으로 두어라. 네가 사랑한 그 사람으로 그렇게 지켜주다 보면 네 아내의 좋은 점은 점점 수면 위로 떠오르고 나쁜 점은 가라앉게 될 것이다.

사람들은 그렇게 현명하게 균형을 찾아가며 산다. 성격적 장점과 약점은 없어지는 것이 아니라 어떻게 잘 쓰여지느냐로 성공과 실패를 경험한다. 어느 상황에서는 약점이 어떤 상황에서는 강점이 되는 경험을 너도 많이 했을 것이다.

너는 물론 네 아내나 아이들에 대해서도 100%완벽함을 추구하지 말거라. 요즘 엄마아빠가 자주 말하는 노년의 숫자 10계명이다. 엄마가 젊은 부부 결혼 10계명으로 바꿔 보았다.

1. (아내가 하는 일에) **일**일이 간섭하지 말고
2. (부모나 친구에게) **이**말 저말 옮기지 말고
3. (시간만 되면) **삼**삼오오 짝지어 밥 먹고

4. (부부싸움에) **사**생결단하려 하지 말고

5. (아내에게) **오**기 부리지 말고

6. (네 아내와) **육**체적 스킨십을 자주 하고

7. (아내의 모든 것에) **칠**십%만 만족하고

8. (집에 들어오면) **팔**팔하게 집안일 하고

9. (아내의 말에) **구**질구질하게 변명하지 말고

10. (돈이든, 힘이든) **십**%는 봉사하려 노력하며 살거라.

애정 표현을
숨쉬듯 해라

 너도 알다시피 밥은 하루 3번 먹는데 그것도 잘 챙겨 먹어야 그렇다. 그러나 숨은 한 순간도 멈추면 안 된다. 부부간의 애정 표현을 숨쉬듯 쉬지 말고 해야 한다.

 몸으로, 눈으로, 돈으로, 마음으로, 행동으로 틈만 나면 애정표현 하거라. 그래야 사랑도 커가는 것이다. 사랑은 식물이다. 키우기 까다로운 식물이다. 잠시라도 돌보지 않으면 사랑은 시들어진다. 그러니 수시로 애정 표현하거라. 네가 어려서 읽은 어린 왕자의 장미처럼 사랑을 키우기는 까다롭다. 그러나 서로 길들여가면서 사랑을 키우면 그보다 아름다운 것은 없단다.

우리 때 남자들은 아내에게 평생 사랑한다는 말 한 번도 안 한 것을 자랑으로 알았다. 아빠도 '사랑해' 해 보라고 하면 '사~탕 먹어, 사~과 줘!'와 같은 엉뚱한 소리를 한다. 그래도 엄마는 아빠가 장난한다는 것을 알기 때문에 기어코 '사랑해!' 소리를 받아낸다.

아침 출근길에 "우심뽀까?" 하면 아빠는 입을 꼭 다물고 장난을 친다. 그러나 너희 세대는 다르다. 온갖 표현을 하면서 사는 세대다. 그러니 주저하지 말고 마음껏 표현하거라. 엄마아빠 있다고 눈치 볼 것 없다. 너희가 애정표현하면 우리도 하면 된다. 걱정 말아라.

옷만 해도 그렇다. 아직도 외출에 민소매 티를 못 입는 엄마 세대지만, 너희들은 배꼽티에 브라탑에 래깅스 입고 시부모 보러 오는 시대다. 한마디로 자기표현을 마음껏 하며 사는 세대다.

그러니 애정 표현도 마음껏 해라. 애정 표현도 습관이다. 자주 하면 입에 밴다. 아내가 그렇게 듣기 좋아하는 소리라면 자주 해주어라. 너희 둘의 세상을 만들어 가는 데 무엇이 부끄러우냐. 키스도 해주고, 안아도 주고, 손도 만져주고, 머리도 쓰담쓰담 해줘라.

이제 네 아내가 된 사람이니 더 소중하게 대하고, 더 따뜻하게 표현해 주어라. 표현을 못하는 것이 자랑은 아니다. 그렇다고 마음에 없는 것을 억지로 하라는 것은 아니다만, 자주 하다보면 뇌는 정말 사랑하는 것으로 기억한다고 하더라.

연구에 의하면 우리 몸에서 가장 단순하고 어리숙한 조직이 뇌라고 한다. 그렇게 믿으라면 믿는 것이 뇌란다. 그러니 사랑한다고 말하면서 그렇게 믿으면 결국에는 그렇게 되는 것이다.

말이 쑥스러우면 글로 하면 된다. 몸이 너무 어려우면 행동으로 하거라. 사랑스러우면 저절로 행동하게 된다.

2년 전 해외여행 갔을 때 엄마아빠가 하도 손을 잡고 다니고, 팔장을 끼고, 아빠가 챙기고 하니 다른 사람들이 '저사람들 불륜인가? 늦게 첫사랑 만났나?' 했다고 해서 한참 웃은 적이 있다. 그래도 엄마는 은근 좋았단다. 네 아내에게 연애

때처럼 그렇게 할 수는 없겠지만 평생 그 마음으로, 그 표현으로 살아가려고 노력하거라.

__네 아내는__
__너의 거울이다__

 어려서는 그 사람의 친구를 보면 그 사람을 알 수 있다는 말을 많이 생각했다. 결혼하고 보니 그 사람의 배우자를 보면 그 사람을 알 수 있다는 말에 공감한다. 부부는 닮는다는 말은 살아보니 정말 맞다.

 금슬 좋은 부부는 닮는다는 말은 과학적이다. 부부가 오래 살다 보면 먹는 것도 비슷해지고, 수면 습관이나 수면 시간도 비슷해지고, 울고 웃는 시간도 상황도 비슷하게 된다. 그러니 체형도 얼굴의 주름도 비슷해질 수밖에 없다.

 물론 이런저런 이유로 전혀 다른 것을 먹고, 전혀 다른 수면 습관은 물론 남편에게는 웃을 일인데 아내에게는 열받는 일이고, 아내에게 슬픈 일이 남편에게 소리 없는 웃음을 주는 부부도 있겠지만 말이다. 그러나 대부분의 부부는 같은 생활 패턴으로 몇십 년을 살게 되고, 그러다 보니 체형도 표정도 건강도 비슷해지는 것 같다.

네 아내의 얼굴이 화사하지 못하고 어둡다면 그 책임의 절반 이상은 네게 있는 거다. 네 아내의 옷차림이 추레하면 그 책임은 네게 있는 거다. 여자든 남자든 나도 모르는 사이에 배우자의 말을 듣게 되어있다. 이왕이면 밝고 화창하고, 센스 있는 멋진 외모가 되도록 도와주어라.

특히 얼굴은 마음을 드러내는 것이니, 네 아내가 자신감 넘치고 활짝 웃고 있다면 아마도 네가 네 아내의 자존감을 키워주고 기쁘게 해주었기 때문일 것이다. 어려서의 얼굴은 부모의 책임이고 40살 이후의 얼굴은 자신이 책임진다는 말이 있다. 여기에 배우자의 몫도 상당하다는 것을 명심하거라.

외할머니는 늘 '남자 입성(입은 모양, 옷매무새)은 여자하기 달렸으니 네가 신경 쓰라.'고 잔소리 엄청 하셨다. 그래서 엄마 말 잘 듣는 아빠는 여전히 입성 좋은 멋쟁이다. 물론 엄마 눈에 그렇지만 말이다. 네 아내의 입성도 너 하기 달렸으니 항상 신경 써주거라.

 무엇보다 네 아내가 화사한 웃음을 잃지 않도록 하거라. 많이 칭찬해 주고, 작은 일에 함께 기뻐해 주고, 슬픔도 공감으로 따뜻하게 치유해 주어라. '내 일이라면 자다가도 맨발로 뛰쳐나올 사람이 있다'는 믿음이 있는 사람은 자신감이 있단다. 자신감은 얼굴에 나타나고 행동에서 당당함으로 드러난다.

 나이 든 사람의 아름다움은 화사한 표정과 당당하고 우아한 몸짓에서 나온다. 그러니 아내의 얼굴이 예전 같지 않으면 네가 무엇을 더 해주어야 하나 고민하거라. 위로가 필요하면 안아주고, 웃음이 필요하면 개그맨도 되고, 머슴이 필요하면 머슴도 되거라.

네 아내를
존경하거라

'존경하라'는 말은 참 어렵고 무거운 말이다. 그러나 쉽게 생각하면 존경은 그가 한 행위, 말, 선택을 인정하고 결국에는 경이로워하고 따라 하려는 것이다. 우리에게 존경하는 인물을 고르라고 하면 그 사람이 대단하거나, 위인이거나 해서가 아니라 내 인생에 중요한 영향을 주는 사람을 고르게 된다. 엄마 아빠, 선생님, 할머니, 역사적 인물 등.

네 아내는 네 인생에 중요한 영향을 주는 사람이고, 또 영향을 줄 사람이다. 그러니 존경하는 마음을 가지도록 노력하거라.

존경의 다른 이름은 존중이다.

존경하는 사람의 말은 존중하고 그것을 따르게 된다. 따른다는 말은 순종한다는 것이다. 순종이라는 말을 너무 종교적으로나 권위적인 것으로 이해하지 말거라. 순종은 무조건 복종하는 것이 아니라 상대의 말을 순한 마음으로 들어주고 잘 따라주는 것이다.

물론 적절한 맞대응과 농담은 삶의 활력을 주지만 사사건건 대거리하는 것은 서로를 피곤하게 한다. 존경하는 마음을 가지고 서로를 존중하고 순하게 따르려 노력하거라.

존경하는 사람이 원하는 일을, 존경하는 사람이 선택한 일을 따르지 않는 사람은 없다. 네 생각과 혹 다르다 해도 존중의 마음을 가지고 함께 고민하거라. 일방적으로 무시하거나 매도하지 말거라. 무시당할 때 사람은 가장 비참하고, 작아진단다.

그러니 매일 외워라. 네 아내와 함께 외워라. 영혼이 없는 빈말로라도 잠자리에 들기 전 하루에 한 번 서로에게 말해주어라.

"내가 자기 존경하는 것 알지? 자기의 오늘 이런 점은 정말 내가 존경할만 했어."

힘들 것이다. 그래도 해야 한다. 말은 사람을 변화시키는 가장 강력한 도구다. 그러면 너도 곧 존경받는 남편 그리고 아빠가 될 것이다.

간섭하지 말아라

  간섭하면 집착이 된다.

  네 아내는 함께 살지만 네 것이 아니다. 부부는 일심동체라는 말은 이제는 죽은 말이다. 살아보니 부부는 2심 2체다. 다만 나와 다르다 해도 거부하지 않고 사랑하며 사는 것이다. 마치 내가 가진 약점조차도 따뜻하게 껴안고 사는 사람이 성숙한 사람이듯이, 서로의 단점이든 약점이든 껴안고 서로의 다름을 인정하는 부부가 성숙한 부부다.

  생각, 옷, 먹는 것 따위를 간섭하는 것을 애정으로 여기지 마라. 아빠는 두부와 멸치, 저녁마다 땅콩을 먹으며, 무엇이든 푸~욱 익은 것을 좋아하지만, 엄마는 두부는 비린내가 나서 싫고, 견과류는 이빨에 껴서 싫고, 푹 익힌 것은 씹히는 것 없어 싫다. 그래도 한 밥상에서 밥 먹으며 호호하하 40년 넘게 잘 살아왔다.

너도 기억하겠지만 라면을 끓이면 엄마와 너희들 것은 먼저 건져 놓고, 아빠는 좀 더 익혀 주곤 했다. 어려서 먹던 식습관은 쉽게 고쳐지지 않는단다. 처음에는 푹 익혀달라는 아빠와 다투기도 했지만, 까짓것 한 5분 더 익히면 되는 것이니 복잡할 것도 없다고 생각하니 싸울 일도 아니더구나. 나는 그중 살캉살캉한 것들을 골라 먹으면 된다. 이렇게 시간이 지나면서 접점이 찾아진다.

엄마가 장학사, 과장, 국장, 교육장 시절 회식이 잦았다. 일도 많고, 회식도 많아 거의 매일 늦게 들어와도 아빠는 한 번도 엄마의 행동을 간섭하지 않았다. 옷 입는 것이며, 머리 모양 한 번 간섭하지 않았다.

엄마는 엄마의 것들을 그대로 받아주는 아빠 덕에 충남 교육계에서 '최초의 여성' 소리 들어가며 원도 한도 없이 행복하게 40년 교직 생활을 마쳤다. 잔소리 안 하는 것은 물론이고 자신과 다른 나를 인정하고 아낌없이 격려해 준 아빠가 없었다면 오늘의 엄마는 없었다. 나는 내가 이렇게 될 줄은 상상도 못했다. 그래서 부부는 시너지다.

  오래 살다 보면 자연스레 각자의 취향에서 좋은 것을 택하며 닮아간다. 조급해 하지 말거라.
  세월만큼 훌륭한 스승은 없단다.

아내의 작은 상처에도 민감해하거라

여자는 특히 말로 하는 상처에 민감하단다. 사랑하기 때문에 한다는 나쁜 말, 아픈 말은 다 거짓말이다. 사랑한다면 친절하게 말하고 따뜻하게 위로해야 한다.

사람마다 상처가 나는 자체에 대해서도 그렇지만 아픔에 대한 반응도 다르다. 아빠는 조금만 배고프면 우주가 흔들리지만, 엄마는 한 끼 정도는 쉽다. 엄마는 일하다 손가락 베서 피가 나도 밴드 바르고 바로 요리를 하지만 아빠는 응급상황이다. 그러니 상처에 나같이 반응하지 않는다고 탓하지 말아라. 원래부터 아픔에 민감한 사람도 있고, 겁 많은 사람도 있고, 둔감한 사람도 있는 법이다. 게다가 너는 남편이니 더 품 넓게 살펴야 한다.

아무리 세상이 변해도 가장으로서의 자리는 있는 법이다. 너는 그것을 짊어지기 위해 결혼했고, 네 아내는 거기에 의지하고 싶어 결혼했을 것이다. 그러니 네 아내의 마음이나 몸의 상처에 둔한 곰처럼 굴지 말아라.

소중한 것에 둔감한 사람은 없다. 네가 모으는 소중한 피규어를 누가 부러뜨렸을 때 하듯 네 아내의 아픔에 반응하거라. 아니, 네 아내는 세상 어느 것보다도 소중하니 그에 걸맞게 반응하고 대응해 주어라.

아프면 머리도 만져주고, 손도 만져주고, 병원도 업고 달려 가거라. 침대 위에서 멀뚱히 바라보며 "병원에 가. 쉬랬더니 왜 그렇게 미련을 떨어!" 따위를 위로랍시고 내뱉지 마라.

원래 다정한 말을 못 한다고 핑계 대지도 말아라. 원래는 없다. 고치면 된다. 아프면 더 서러워지는 법이다. 아프면 과장스러울 정도로 공감해 줘라. 너 하나만 믿고 우리집 며느리를 자처한 아이다. 믿음이 흔들리지 않게 행동하거라.

특히 아이 날 때 네 아내보다 10배 100배 더 고통스러워하며 아파해라. 말로만 하지 말고 진심으로 같이 아파해 주어

라. 애 낳는 것은 정말 아프다. 엄마처럼 아픔에 둔감한 사람조차도 차라리 죽었으면 좋겠다는 생각이 들 정도로 아팠다. 그러니 원래 둔해서 혹은 바빠서 따위의 어설픈 핑계 댈 생각 절대 하지 말고 곁을 지켜라.

상처에 대한 민감도와 치유력은 사람마다 다르지만, 네 아내의 상처에 대한 특효약은 오직 너의 사랑과 따뜻한 손길이란다. 아플 때가 제일 서러운 법이니 그것이 마음이든, 몸이든 아내의 아픔에 함께 아파하거라.

이해하려 하지 말고 받아들여라

 이해한다는 것은 어려운 정신 작용이다. 어떤 것을 이해하기 위해서는 알아야 하고, 백 데이터도 모아야 하고 치밀한 논리가 필요하다. 그런데 네 아내와의 삶은 그런 논리가 적용되지 않는다.

 때로는 이해하려 해도 이해할 수가 없는 것이 더 많다. 인간 행동은 복잡해서 많은 석학들이 수세기 동안 평생을 연구해도 다 이해하고 밝혀내지 못했다. 아직도 끊임없는 이견이 존재할 뿐이다. 그러니 이해하려 들지 말아라.

 그냥 네 아내의 행동이나 여러 습관들은 너와 마찬가지로 가정문화와 삶, 타고난 성격, 취향들로 만들어진 것이니 그냥 받아들여라.

결혼 전에는 눈을 크게 뜨고 아내 될 사람을 찾았다면, 이제는 실눈을 뜨고 네 아내의 모든 것을 받아들이거라.

양치할 때 치약 좀 위에서 짜면 어떠냐? 신경을 쓰지 말든가, 네가 아래서부터 찬찬히 짜면 그만이다. 건강을 해치거나 삶을 불행하게 할 정도의 습관이나 행동이 아니라면 그저 받아주거라. 살다 보면 조금씩 맞춰지기도 한다만 40년 산 엄마아빠도 아직도 어렸을 때 습관대로 평생 산다.

추위를 타는 아빠는 에어콘 바람 싫어하고 여름에도 뜨거운 물로 목욕을 한다. 엄마는 시원해야 잠이 잘 오고 이 나이에도 찬물로 목욕을 한다. 그래도 우리는 각방 쓰지 않고 한 방에서 평화롭게 잘 잔다. 받아들이면 다 살아가는 방법이 있다. 아빠의 코골이가 아빠의 행복한 하루의 마감으로 받아들이니, 아빠 코끝에 엄마 귀를 대고도 잘 잔다.

아내의 행동을 너에게 맞추려고도 하지 말아라. 건강과 커피에 대한 논란이 끊이지 않듯이 세상에 완벽한 진리도, 하나만의 원칙도 없다. 너희들이 대화를 통해 정한 몇 가지를 공유하고 그 외의 것은 서로 조금씩 참아주려는 노력이 필요하다. 그게 결혼의 지혜다.

미혼 남녀가 가장 이상적으로 생각하는 배우자는 있는 모습 그대로 자신을 받아주는 상대라고 하더구나. 그럼에도 결혼하면 서로를 자신이 생각하는 것으로 바꾸려는 마음을 가지고 있단다. 엄마가 장담하건대 절대 못 바꾼다. 게다가 싸워서 억지로는 절대 못 바꾼다. 옛말에 사람 고쳐 쓸 수 없다는 말은 진리다. 고쳐 쓸 생각하지 말고 있는 그대로 가장 잘 쓸 수 있는 방법을 연구하는 것이 훨씬 효율적이다.

세상에 저절로 얻어지는 것은 없다. 결혼도 마찬가지다. 모든 일들이 피나는 노력을 기울이지 않으면 성공할 수 없듯이 결혼도 마찬가지다. 하물며 두 사람이 인생을 걸고 하는 여정이 쉽기만 하겠느냐?

그러나 독서백편의자현(讀書百篇意自見)이라는 말도 있지 않느냐? 어려운 것도 100번을 읽으면 저절로 이해하게 된다는 말이다. 네 아내의 행동을 백번을 받아들이다 보면 이해할 날도 올 것이다. 그러니 그저 따뜻한 눈으로 받아들이려 노력하거라.

과장되게
표현하거라

  네 마음과 사랑을 자주 표현하거라. 작은 선물이든, 이벤트든, 작은 노력이든 과하고 열정적으로 표현해 버릇해라.
  '성격상, 원래, 쑥스러워서, 버릇될까 봐' 같은 씨알도 안 먹히는 소리 늘어놓지 말아라.

  폭탄 맞은 머리로 마주 앉아 밥도 먹고, 잠도 자는 아내가 무엇이 쑥스러우냐. 너의 마음이 쑥스러운 것이니, 거기서 벗어나거라.
  그런 말 매일 해달라고 할까 봐 안 해 준다는 소리 하지 말거라. 매일 해주면 된다. 좋은 말은 하나님이 공짜로 인간에게 주신 재물이다. 네 마음 가는 대로 아끼지 말고 실컷 쓰거라.

세월은 금방 간다. 우리의 삶은 아무도 미래를 모른다는 것으로 겸손과 환희를 준다. 오늘 참았다 나중에 몰아서 하려 하지 말아라. 좋은 말, 좋은 행동을 할 때는 내일이 없는 사람처럼 행동하거라. 사실 내일은 언제나 주어지는 것은 아니란다. 그러니 신이 허락한 오늘에 충실해야 한다.

아내가 "오늘 저녁 근사하게 꾸미려고 꽃 사왔어. 화사하지?"라고 말하는데, "얼마짜리야? 오늘 이상한 거 아냐?" 이런 깨는 소리 하려거든 차라리 눈만 껌뻑이는 게 낫다.
"자기가 꽃이긴 하지만, 꽃이 식탁에 있으니 자기가 더 우아해 보이는데?"

이런 간지러운 말도 과감하게 하거라. 그래야 웃는다. 그래야 습관이 된다.
아무리 빈말이라도 자꾸 하면 그대로 된다는 것을 너 역시 경험으로 알고 있을 것이다. 긍정적인 말만이 아니라 기쁜 말, 유쾌한 말, 활달한 말, 다정한 말은 너에게도 아내에게도 모두에게도 힘이 된다.

'기쁘다. 맛있다. 맘에 든다. 행복하다. 즐겁다. 멋있다. 감동이다. 아름답다. 예쁘다. 사랑한다. 고맙다. 귀엽다.' 이런 아름다운 단어를 네 삶에서 죽은 말로 만들지 말고, 네 아내에게 마구마구 퍼부어라.

그러면 네 아내는 봄햇살처럼 따스하고 빛나는 모습으로 네 곁을 지킬 것이다.

아내의 부탁을
건성 듣지 말아라

 아빠는 젊은 시절 학교 강의하랴, 여기저기 외부 강의하랴, 연구하랴, 연구소 운영하랴 몸이 10개라도 부족했다. 그래도 엄마가 퇴근하면서 두부 사오라고 하면 아빠는 한 번도 싫은 기색 없이 기꺼이 수고를 마다하지 않았다. 퇴근길에 도서관 들러 엄마가 원하는 책을 빌려오라고 해도 기꺼이 예스다. 가끔 이따가 해주겠다고 해서 속 터져 싸운 적은 있어도 안 해주겠다고 한 적은 한 번도 없는 것 같다. 소소한 부탁도 건성으로 듣지 않았다. 그게 아빠의 사랑표현이다.

 엄마아빠는 언제나 즐겁고 반가운 목소리로 서로의 전화를 받는다. 혹 일이 있으면 "미안해 조금 있다 전화할게. 지금 바빠서."라고 다정하게 말해 준다. 그리고 잊지 않고 다시 전화를 걸어준다. 옆에 있던 사람들은 닭살이라고 난리였지만 엄마는 그것이 존중의 표시라고 여겼다.

아내가 하는 부탁은 가끔 사랑의 확인일 경우도 있다. 가끔은 그러고 싶어지기도 하기 때문이다. 그러니 아내의 부탁을 소중하게 들어주어라. 우리는 대체로 누군가의 부탁을 그렇게 성실하고 다정하게 들어주는 사람이 많지 않은 냉랭한 사회에서 살고 있다. 남편 하나라도 내 부탁을 거절하지 않으면 얼마나 힘이 되겠니?

아이들도 조금 크면 부모에게 퉁명스러워진다.
그러니 결국 남는 것은 부부다. 바쁠 때 전화해도 아내의 목소리는 반갑다고 말해 주어라. 힘들어도 아내가 무언가를 부탁하면 아직도 나를 의지하는 아내가 있음에 기꺼이 감사하거라.
결혼 44년차 노신사에게 물었다. 무엇이 당신의 결혼 생활을 지켰습니까?
"아내가 하라는 대로 했습니다"
"아내에게 NO라는 말을 하지 않았습니다."

무조건
아내 편으로 살아라

오죽하면 남편을 '남의 편'의 준말이라고 하겠느냐? 역설이기도 하고 진실이기도 하지만 너는 절대 그렇게 살지 말거라. 세상 사람은 언제나 내 편은 아니다. 그러나 어떤 일이 있어도 내 편이 되어 줄 단 한 사람이 있다는 것은 얼마나 든든한 일이냐? 함께 편 먹으며 살라고 결혼한 것이다.

엄마 시대에는 아내는 '안의 해'에서 유래한 말이라고 했다. 그리고 남편은 '편들어 주는 남자'라고도 했단다. 이제 네 아내든 너든 서로에게 최후까지 편들어 주는 사람이 되거라.

아내가 혹 직장에서든 아이들 엄마 모임에서든 억울하게

생각되는 일이 있어 하소연하거든 심판관 노릇 하려고 달려들지 말아라. 현명한 네 아내는 이미 자신의 잘잘못을 알고 있다. 그래도 순순히 잘못을 인정하기에는 스스로 작아 보이니 남편에게 SOS 하는 것이다.

 무조건 편들어 주어야 한다. 거기서 시시비비 가리려 든다면 너도 네 편만 들어줄 한 사람을 잃게 될 거다. 네 아내의 교양이나 판단력은 네가 가르쳐서 얻어지는 것이 아니라 경험과 세월을 통해 스스로 익혀 가는 것이다. 그 나이에 네 말을 듣고 감명받아 크게 깨달을 일 없다. 그러니 잘난 척 말고 아내가 한 말의 뒷말만 따라서 하면 된다.

"오늘 김부장이 말도 안 되는 것을 시켜놓고 나에게 뒤집어씌우는 거야!"
"김부장이 뒤집어씌웠어?"
"아니 자기는 일을 그렇게 하면서 내가 고객에게 그렇게 대한 것이 문제라나?"
"문제래?"
"자기도 생각해 봐. 고객이 클레임 거는 데, 무조건 알았다고만 하면 뒷감당을 어떻게 하냐고!"

"그러게! 뒷감당이 제일 큰 문젠데!"

자세히 알지 못해도 된다. 반사 대화법으로 잘 들어주기만 해도 된다. 조금 더 편들어 주고 싶거든 "언제 김부장 혼내주겠다."고 한마디 하거라. 그러면 아내는 이미 내일 어떻게 해야 할지 정리가 끝났을 것이다.

남편은 그런 존재다. 때로 아내의 감정 쓰레기통도 되어주고, 휴지도 되어 주는 것이다. 그럴려고 시간과 돈 들여서 결혼식도 하고, 참기도 하고, 잠도 같이 자고, 밥도 해주려고 애쓰는 것이다. 별로 대단하지도 않은 어줍잖은 실력으로 판단자 노릇 하려고 들지 말거라.

너는 판단자가 아니라 공감자여야 한다. 그저 들어주고 위로해 주어 내일 다시 세상에 나갈 준비를 하는 곳이 가정이라는 것을 잊지 말거라.

그래야 남의 편이 아닌 절대 내 편인 한 남자가 되는 것이다.

에필로그

아가야! 이제부터 행복을 선택하거라.

너희는 이제 부부다. 한자로는 서로 다른 글자인 '夫婦'지만, 한글로는 같은 글자 '부부'다. 드디어 서로 다른 두 사람이 만나 같은 꿈을 꾸고, 같은 세상을 만들어 가는 시작점에 섰구나.

고맙다. 내 아들의 사랑스런 아내가 되어 주어서. 그리고 우리의 귀한 며느리가 되어 가족이라는 이름으로 함께 해주어서 정말 고맙다.

귀하고 귀한 내 며늘아가야!
결혼은 꽃길만은 아니란다. 현실의 벽에서 울기도 하고, 다름으로 상처도 받고, 소소한 일로 아파하기도 하겠지. 그러나 언제든 네 편을 들어주는 햇살 같은 남편이 곁에 있음으로 해서 그 길은 따스한 여정이 될거야. 웃으며 맞이하렴.

이 결혼을 꽃길로 만드는 것은 행복을 선택하려는 너의 마음에 있단다. 행복은 저절로 주어지는 것이 아니라 어떤 순간에도 그것을 선택하려는 너의 노력으로 행복해지는 것이란다. 부정적인 생각이 아닌, 긍정적인 생각과 기대들로 네 인생을 행복으로 채우렴. 지금은 행복을 선택할 때다.

이 책을 쓰는 내내 현명하고, 예의 바르고, 유쾌하고, 이쁜 네가 내 나이가 되어도 함박웃음 웃으면 좋겠다는 생각을 했단다.

이 책은 아들에게 주는 잔소리지만 너의 따뜻한 지원과 반응이 있어야 가능할 것이다. 너도 이 결혼에 책임을 가지고 함께 하면 좋겠구나. 그래야 너희의 꿈대로 시너지가 일어나는 부부가 될 것이다. 자존감을 지키는 품격 있는 어른으로 함께 잘 늙어가렴.

따뜻한 부모님의 품을 떠나 새로운 둥지를 트는 두려움도 있겠지만, 우리도 언제나 네 편에 서서 품을 내어 줄 테니, 네가 하고 싶은 일, 이루고 싶은 일, 꿈꾸는 일 무엇이든 주저하지 말고 당당하고 자신있게 가거라. 결혼이 네가 꿈꾸는 인생을 막는 장애물이 아니라, 더 큰 꿈을 꾸는 도약대가 될 수 있도록 지원하고 기도하마.

우리 서로 사랑하며 살자꾸나. 지금 이 마음 그대로 서로를 귀하고 고맙게 여기며 잘 살자꾸나.

곱고 고운 내 며늘아가야!

2025. 4. 6.

평생 너를 아끼고 사랑하며 지켜주려
마음 먹은 엄마아빠가

결혼하는 아들을 위한
엄마의 따순 잔소리

인쇄 / 2025년 3월 25일 1판 1쇄
발행 / 2025년 3월 31일 1판 1쇄
저자 / 가경신

출판관리 / 김새한별
펴낸 곳 / 내 안의 거인
출판등록 : 제2024-000035호
ISBN : 979-11-961085-4-0
값 / 15,000원

**내 안의
거인**

■ 충남 천안시 서북구 검은들3길 60 리치프라자 402호(불당동)
　TEL / (41)561-3165, FAX / (041)555-3165
　help@kenneagram.com, www.kenneagram.com

■ 저자와의 협약으로 인지는 생략합니다. 파본은 교환해 드립니다
■ 이 책에 대한 모든 권한은 내안의 거인에 있으므로 무단전재와 복제를 금합니다.